Como una oradora intensa, única, emocionante y encantadora, ya sea usted joven o anciano, rico o pobre, no importa lo que haya sufrido o lo que esté sufriendo ahora, por el testimonio de Jennifer sobre la habilidad de Dios de restaurar su vida herida, usted también quedará transformado por la Palabra de Dios.

—Roy y Velma Belon
Padres espirituales de Jennifer, Pastor y Primera Dama de
Palmer Memorial United Holy Church, Chapel Hill, NC

I0138698

Por su fascinante testimonio personal (*Finally Free Bible Study: 7 Weeks to Freedom From Your Past* / *Estudio bíblico finalmente libre: 7 semanas hacia la libertad del pasado*), Jennifer Kostyal comparte el regalo divino de la libertad con un mundo herido y quebrado. Mercy Ministries emplea el poderoso mensaje de Jennifer para apoyar a mujeres jóvenes en su camino hacia la libertad completa y permanente.

—Nancy Alcorn
Mercy Ministries

Jennifer Kostyal es una mujer dinámica dedicada a Dios. Tiene un respeto profundo por la palabra de Dios y desea usarla para transformar la vida de los demás. Su experiencia es un testimonio de cómo Dios puede tomar una vida herida y quebrada y usarla poderosamente para liberar a otra gente.

—Phil Ortego
Pastor ejecutivo, Scotts Hill Baptist Church
Wilmington, NC

Si usted desea leer algo divertido para relajarse, no escoja leer *Finalmente libre*. Jennifer Kostyal proclama con valentía que hay libertad en Jesucristo para los millones de víctimas del abuso que están sufriendo en silencio. Su disposición de compartir honestamente su historia, su compasión por la gente herida, y su habilidad de hablar con franqueza sobre temas delicados han ofrecido respuestas a preguntas muy importantes. El libro *Finalmente libre* es un ejemplo de Apocalipsis 12:11: *Ellos lo han vencido por medio de la sangre del Cordero y por el mensaje del cual dieron testimonio; no valoraron tanto su vida como para evitar la muerte.*

—Dr. Wanda Rousse, Pastora ejecutiva
Faith Cathedral World Outreach Center
New Iberia, LA

La reacción fue maravillosa cuando Jennifer Kostyal miró a la cámara de televisión y habló a gente de todo el mundo. Tiene un talento sobrenatural para compartir su testimonio de una forma interesante y lo usa para darnos esperanza para el futuro. Jennifer es evidencia viva que Dios puede tomar la vida más quebrada y hacerla absolutamente bella para su gloria.

—Stephen Marshall
Cantante cristiano

La historia de Jennifer Kostyal es un ejemplo por excelencia de lo que pasa cuando una persona sin esperanza encuentra al Cristo vivo—¡TRANSFORMACIÓN! Antes de empezar a leer, asegúrese de tener cerca un pañuelo. Le conmoverá la evidencia viva del poder de Dios de tomar el abuso, la fragmentación, la disfunción, la culpa y la vergüenza y transformar a esta mujer en un ejemplo poderoso de su amor personal y su voluntad para cada persona. Fácilmente puedo imaginar que la historia de Jennifer Kostyal conmovería a multitudes por medio del libro y por una película basada en el libro. Prepárese para ser alentado poderosamente.

—JAMES BURKETT, PASTOR EJECUTIVO
SOUTHWOOD BAPTIST CHURCH, TULSA, OK
DIRECTOR, OKLAHOMA CONFERENCE ON APOLOGETICS

De manera desinteresada, Jennifer comparte el dolor, el trauma y el sufrimiento que experimentó de niña. Ahora es una escritora y evangelista talentosa que invita a miles de personas a recibir la esperanza que solo Cristo puede ofrecer. Como un testigo vivo, ella está vestida de toda la armadura de Dios. Su alegría y su profundo amor para su Salvador son evidentes a todos los que tienen el privilegio de conocerla.

Como una terapeuta profesional titulada que se centra en Cristo, me dedico a servir a los demás, integrando verdades bíblicas con prácticas de salud mental bien comprobadas. Cada día en mi consultorio, oigo y veo la disfunción que solo Dios puede sanar. La historia de Jennifer y su estudio bíblico llevan a la gente a Cristo para recibir perdón, sanidad, y restauración total. Es una bendición usar su libro como un recurso en mi consultorio psicológico.

—JOANNE G. DAVENPORT, MA, CAS, NCC, LPC
LICENSED PROFESSIONAL COUNSELOR, WILMINGTON, NC

Jennifer Kostyal...energía...alegría...risa...lágrimas...amor sincero que trae luz. Con una verdadera historia de abuso severo, ¡no tiene un mensaje de supervivencia sino de victoria! Ella comprende el abuso que usted ha experimentado, porque ella también fue abusada. Deje que ella lo tome de la mano, para que usted reciba la esperanza de un futuro brillante.

—PAM THUM
CANTANTE CRISTIANA

¡VAYA! Este libro es difícil de leer, pero difícil de dejar. Es un análisis increíblemente transparente de los horrores de cualquier tipo de abuso, y sin embargo ¡hay esperanza! Jennifer hace un trabajo maravilloso de no solo compartir su camino desde la desesperación hacia la libertad, sino también ofrecernos un manual para ayudar a cualquier persona herida por el abuso.

—Pastores Hal y Lisa Boehm
Summit Church, Elkins, WV

El mensaje del libro *Finalmente libre* tiene que oírse. La declaración de Jennifer, que "el abuso siempre lleva a más abuso," es un recordatorio del ciclo del abuso.

Muchas víctimas de abuso sufren en silencio. Aunque haga mucho tiempo que los actos de abuso han terminado, las imágenes de esos incidentes vuelven a la mente con frecuencia. *Finalmente libre* ofrece esperanza, sanidad y restauración. Lleva a los lectores por un camino donde ellos pueden liberarse también.

—Tom Arnould, Pastor ejecutivo
Good News Church, Yukon, OK

Finalmente libre nos permite vislumbrar un mundo secreto que pocos quisiéramos visitar. El testimonio honesto de Jennifer ofrece esperanza para los que todavía luchan con las heridas complejas del abuso. Cuando nuestra hija fue víctima de un agresor sexual, era difícil para mí comprender su dolor. Si yo hubiera leído el libro de Jennifer hace años, creo que nuestra sanidad habría ocurrido más rápido.

Su experiencia y su prudencia son muy valiosas. Recomiendo fuertemente que todos los padres lean este libro. Ya que una de cada tres muchachas y uno de cada seis muchachos será víctima de abuso sexual, los padres de hoy tienen que capacitarse para combatir el daño del abuso.

—Lisa Cherry, Oradora y autora de
Unmask the Predators: The Battle to Protect Your Child
Desenmascarando a los agresores: La
batalla para proteger a su hijo

Un filósofo conocido dijo una vez que la gran masa de hombres lleva una vida de desesperación callada. La vida de Jennifer Kostyal correspondía con esa descripción. *Finalmente libre* es su testimonio sobre la gracia milagrosa de Dios y cómo su sanidad rompe ataduras. Proclama que las masas no tienen que desesperarse.

—Reverendo Jason Lanier
Pastor de adoración
Lee Park Baptist Church, Charlotte NC

Jennifer tiene un mensaje de sanidad que nuestro mundo necesita escuchar. En su estilo honesto y directo, revela con valentía su camino personal desde el abuso inconcebible hacia la restauración inimaginable en Cristo. Si usted fue herido por otros, lea este libro y encuentre la esperanza que necesita para ser verdaderamente libre. La vida de Jennifer antes llevaba las cicatrices dolorosas del abuso, pero ahora lleva las huellas digitales de un cariñoso Dios. Por su historia, usted se dará cuenta de que ¡puede recuperarse también!

—Pastor R. Sonny Misar
Living Light Church, Winona, MN

Jennifer Kostyal es una flecha espiritual que penetra las tradiciones denominacionales para ayudar a todos los que quieren recibir salvación. Un encuentro con ella será una de las mejores experiencias de su vida.

—Robert Kirkland, Presidente de deáconos
Manhollow Missionary Baptist Church
Hampstead, NC

Gracias a la disposición de Jennifer de revelar las fuerzas destructivas del enemigo, las fortalezas del abuso ya no pueden triunfar más. *Finalmente libre* no solo comparte el camino de Jennifer hacia la libertad, sino que provee esperanza y un recurso importante para ofrecer la increíble gracia y misericordia de Dios a un mundo herido.

—Dale y Sarah Hirschman
Ultimate Challenge Ministries

Finalmente LIBRE

Jennifer KOSTYAL

Finalmente LIBRE

Jennifer KOSTYAL

HONOR NET
PUBLISHERS

Publicado por HonorNet Publishers

HONOR✠NET
PUBLISHERS

Sitio de internet: honornet.net

Dedicatoria:

A mis preciosos hijos, Rebekah Renee Kostyal y David Michael Kostyal, hijo. Los amo a ambos más que la vida misma. Ustedes han sacrificado tanto con su mamá en el ministerio, compartiéndome con tanta gente herida. Gracias por todas sus oraciones antes que me vaya de viaje y cuando estoy atendiendo a gente que tan desesperadamente necesita el amor de Jesús. Muchas noches entro en sus recámaras mientras ustedes descansan pacíficamente, escuchando las grabaciones de mamá de las escrituras de sanidad, y me maravillo de que el Señor me haya dado hijos tan estupendos, regalos tan preciosos. Estoy muy orgullosa de ustedes y sé que el Señor Jesús está orgulloso de su sacrificio por Él.

David, gracias por las muchas veces que dijiste, "Te perdono, mami," cuando mi vida estaba fuera de control antes de que yo conociera a Jesús. Tú me enseñaste lo que es el amor incondicional.

Rebekah, tú fuiste el regalo celestial que me obligó a enfrentar el "Goliat" del abuso en mi vida. Eres la "princesa" que siempre quería tener algún día, cuando de niña jugaba con muñecas.

Dave, ¡mi amor por ti crece cada día! Todas aquellas noches que me abrazabas y me decías que todo iba a salir bien...¡tuviste razón! ¡Jesús lo llevó a cabo! Tu oración aquel día en el piso de la sala cambió mi vida, ayudándome a ver que Jesús esperaba tomarme en sus brazos. Siempre recordaré con cariño la noche que me desperté para decirte con lágrimas, "Eres la primera persona que me amó como Jesús." Todavía me siento así cada día. Te amo, Dave Kostyal, y le doy gracias a Dios de que nunca me abandonaras. Me animo tanto, pensando que cuando se acabe nuestro trabajo acá en la Tierra, ¡podremos estar juntos con Jesús por la eternidad! Definitivamente, eres el mejor regalo que Él jamás me dio.

Estimado lector:

Algunos preguntarán por qué escribí este libro. Tengo una sola meta: comunicarles a los demás que el abuso sexual—de hecho, cualquier tipo de abuso—puede ser sanado por medio de la sangre de Jesucristo. No quiero para nada denunciar a mi familia ni a ninguna persona que me abusó en el pasado. De hecho, todos los nombres personales se han cambiado, a excepción de mi nombre y los de mi esposo, mis hijos, y Roy y Velma Belon.

Como resultado de mi sanidad, estoy libre de mi pasado, lo cual me ha permitido perdonar completamente a mi familia. Si usted ha sido abusado/a, es imprescindible que usted también perdone, para poder recuperarse.

Quiero enfatizar que los que me abusaron sexualmente *no* fueron mis padres. Fue una sola persona, que se casó con un familiar. Estoy segura que mis padres me amaron. Los extraño sinceramente cada día. A Dios le pido que, como yo he sido restaurada emocionalmente, también algún día mi relación con ellos se pueda sanar y restaurar. Tengo esperanza, porque no hay nada imposible para Dios.

Atentamente,

Jennifer

Si el Hijo los libera, serán ustedes verdaderamente libres.

JUAN 8:36

Contenido

Agradecimientos

Primero y ante todo, quiero honrar al Señor Jesucristo. Es por Él que estoy *Finalmente libre.*

De todo corazón, también quiero darles las gracias a mi esposo y a mis preciosos hijos—Dave, David junior, y Rebekah Kostyal; y a mis padres espirituales—Rev. y señora Roy Belon. Dios les bendiga a todos ustedes por su apoyo. ¡Cielos! ¡Todos ustedes son una gran bendición en mi vida!

También quiero dar las gracias a mi agencia literaria, PriorityPR Group & Literary Agency, P.O. Box 700515, Tulsa, OK 74170.

Prefacio

"¿Qué nos va a decir esa blanquita a nosotras?" preguntó con sarcasmo la prisionera morena, sacudiendo la cabeza. Se refería a Jennifer Kostyal, quien entraba en la capilla de la prisión, frente a muchas mujeres sentadas en fila. Tumbada en la silla con los brazos cruzados sobre el pecho, la reclusa sarcástica había expresado lo que muchas en el público parecían pensar. El comentario fue comprensible. Por lo visto, la ex-reina de belleza, una rubia de ojos verdes, no parecía tener nada en común con su audiencia cautiva. Pero en los próximos treinta minutos, esas mujeres cambiarían totalmente de opinión, les correrían lágrimas por las mejillas y asentirían con la cabeza, mientras Jennifer relataba su historia de abuso. Aunque ella nunca fue encarcelada, en realidad el pasado de Jennifer Kostyal reflejaba la experiencia de muchas de las prisioneras—pero ahora ella era libre, tanto física como emocionalmente.

Las reacciones de esas reclusas se han repetido muchas veces cuando Jennifer se ha acercado a mujeres de toda clase de vida, muchas de las que también han sido víctimas de abuso. Las cifras demuestran que las mujeres que son abusadas en la niñez son mucho más propensas a experimentar violencia más tarde en la vida. Casi dos tercios (el 62%) de las mujeres que son abusadas de niña también sufren el abuso doméstico como adultas, ya sea como abuso sexual, físico, verbal, o emocional. Ese número es preocupante, pero un informe publicado por el Commonwealth Fund revela más. El informe declara que las mujeres que sufrieron una historia de violencia o abuso están en mucho más riesgo de sufrir un colapso mental. De hecho, la mitad de las mujeres en el informe padecían niveles altos de depresión.[1]

En una revelación asombrosa, Teri Hatcher, estrella de la telenovela norteamericana *Desperate Housewives [Esposas desesperadas]*, anunció su propia experiencia de abuso infantil—secreto que ella había guardado durante más de treinta años; ni siquiera les había informado a sus propios padres. Dijo ella, <<Me siento como que hay una niñita insegura por dentro que necesita escuchar constantemente, 'No tienes la culpa.' Creo que esto siempre me va a dominar.>>[2]

En la sociedad actual, una de cada cuatro mujeres y uno de cada seis hombres serán víctimas de alguna forma de abuso sexual.[3] Ya sea el abuso sexual, físico, verbal o mental, la devastación es igual a largo plazo.

De su abuso, Teri Hatcher también indicó, <<Tengo tanto dolor. Llevo conmigo tantos niveles de miedo y vulnerabilidad. Trato de ser una mujer fuerte.>>[4]

Jennifer Kostyal entiende. Abusada sexualmente y violada por un pariente lejano y criada en una secta religiosa, sufrió el abuso de varios novios y estaba al borde de un ataque de nervios. Pero

1 Karen Scott Collins, Cathy Schoen, Susan Joseph, et al. "Violence and Abuse," The Commonwealth Fund 1998 Survey of Women's Health, May 1999. De http://www.cmwf.org/publications/publications_show.htm?doc_id=235787. (Último acceso 4 de enero de 2012).

2 Teri Hatcher, Good Morning America, ABC News, 3 de mayo de 2006. De http://abcnews.go.com/GMA/story?id=1917268&page=2ite. (Último acceso 4 de enero de 2012.)

3 Centers for Disease Control, Adverse Childhood Experiences Study, Prevalence of Individual Adverse Childhood Experiences. De http://www.cdc.gov/ace/prevalence.htm . (Último acceso 13 de enero de 2012.)

4 MSNBC, 8 de marzo de 2006. De http://www.msnbc.msn.com/id/11717426/. (Último acceso 4 de enero de 2012.)

entonces su esposo oró que Dios le diera a ella misericordia ...y Él se la concedió. De hecho, esa oración inició una etapa totalmente nueva para esta ama de casa, que antes estaba realmente desesperada.

El abuso no es algo que uno simplemente <<supera.>> Sin embargo, es posible vencer las heridas profundas, encontrar la sanidad, y vivir libre del pasado. Jennifer lo hizo. Y esta es su historia, su camino a la libertad.

Una nota de Jennifer:

De niña, esperaba con entusiasmo el día de ser adulta, para dejar atrás el abuso. Recuerdo que pensaba, <<Cuando sea grande, ya no le tendré miedo a la oscuridad. Cuando sea adolescente, no le tendré miedo a la gente>>. Pero cuando llegué a ser adolescente, todavía tenía miedo.

Anhelaba ser mayor, creyendo que entonces desaparecería el miedo que había controlado mi vida. Pero no desapareció. Como el cáncer, solo crecía con el tiempo, mientras sus tentáculos invadían cada parte de mi ser. Tenía tantas ganas de ser normal y vencer el miedo, pero resultó inútil. Parecía totalmente imposible.

Irónicamente, cuando por fin empecé mi camino a la libertad, descubrí que, para recuperarme de las cicatrices del abuso, tenía que llegar a ser precisamente lo mismo que me hizo susceptible del abuso en el principio. De nuevo tenía que ser vulnerable —como una niña, con la fe de una niña. Pero esta vez, en vez de mirar a los ojos de un abusador, miré a los ojos del Amor mismo— Jesucristo de Nazaret, Hijo del Dios viviente.

Mi deseo de compartir esta historia es darles esperanza a otros que han sufrido abuso, para que sanen. Como Dios ha sanado mi corazón, he podido perdonar a todos los que me hirieron o me rechazaron durante mi niñez. Ahora puedo decir verdaderamente que los amo con el amor del Señor Jesús. Yo sé que Satanás quería destruir mi vida, pero Dios está usando mi experiencia para liberar a muchas personas. Sabiendo esto, valió la pena todo el dolor del pasado.

Sea joven o adulto, si ha sufrido abuso, usted también tendrá que mirar a los ojos de Jesús con la fe de un niño. Solo entonces, las heridas del abuso pueden empezar a sanar y la raíz del miedo puede desarraigarse. Solo entonces podrá usted mirar un cuarto lleno de desconocidos y sentirse seguro. Solo entonces podrá cerrar los ojos en la noche y ser libre de las imágenes dolorosas del pasado. ¿Por qué? Porque se necesita un milagro. Y solo hay Uno que hace milagros. Pero Él puede hacer el milagro que usted necesita, y lo hará. *Jesús cambia todo.*

Es maravilloso, pero es absolutamente cierto —*cualquier persona* puede ser sanada del abuso, abuso de cualquier tipo, por muy horrífico que sea. La sicología humana solo le ayuda a una persona a *sobrellevar* los efectos del abuso, pero un solo minuto en la presencia de Jesucristo brinda algo milagroso. Cuando le clamamos a Él que nos sane, este mismo Señor —cuyo poder creó el mundo, el universo, el diseño de nuestros cuerpos, y el aire mismo que respiramos— puede, en un instante, liberarnos del trauma del abuso y ponernos en la senda de la recuperación. Luego, caminando por la vida, tomados de la mano con Él, sanará el daño que nuestras almas han sufrido (esto incluye la mente, la voluntad, y las emociones) y nos restaurará lo que fue destruido. En fin, nos dará una vida enteramente nueva.

Yo lo sé —porque Él lo ha hecho por mí.

Capítulo 1

UNA NIÑITA DE LA CALLE QUE SE LLAMABA "LODO"

Por fuera, quizás parecíamos la familia perfecta. Los que pasaban por nuestra casa hermosa quizás se habrían fijado en el Mercedes descapotable, el césped bien mantenido, y la niñera en el jardín de enfrente que atendía a los dos niños; quizás habrían pensado que lo teníamos todo. Por poco tenían razón. Lo teníamos todo, menos uno de los ingredientes más esenciales para una familia feliz...la paz. Pocas veces en mi vida había sentido paz.

Con una calma irreal después de que la niñera se fue ese día, caminé al cuarto de juegos de los niños.

—Te amo, mi vida —susurré, colocando una hoja de papel y unas crayolas frente a David, que tenía dos años. Dirigiendo mi atención a Rebekah, abroché el cinturón de seguridad que la mantenía en su columpio eléctrico, y prendí la televisión para que *Plaza Sésamo* los entretuviera. Revisé todo el cuarto para confirmar que los chicos estaban seguros antes de salir. En el umbral de la puerta, me di la vuelta para verlos una vez más. Luego, como si estuviera en piloto automático, me fui a la sala.

Para una persona normal, es difícil comprender cómo me atormentaban las imágenes de lastimar a mis hijos. No *quería* lastimarlos, pero me agobiaba la idea aterradora de que *iba* a lastimarlos. Solo quería parar el terror y la agonía. Afortunadamente, no tenía ni idea en dónde mi esposo guardaba su pistola. Quizás habría considerado usarla.

En aquel momento, yo no estaba nada consciente de las arañas de cristal ni del entorno tan elegante. Durante semanas, había consultado con los mejores diseñadores de la ciudad para crear el entorno perfecto. Pero ahora no me traía ningún gozo. Contemplaba una foto reciente de nuestra familia, con su hermoso marco dorado, que colgaba encima del sofá. En un instante, sentí una explosión de ira y desesperación.

—¡*Es una mentira!* —grité, cayéndome al suelo. La foto de los chicos y de mí, vestidos en nuestra ropa formal, me parecía una burla cruel allí en la pared. Presentaba la imagen de una madre contenta y cariñosa. La foto, al igual que mi vida, era una mentira.

Al contrario de mi entorno, no siempre había conocido la riqueza, pero sí conocía la tristeza muy bien. Para mí, el <<hogar>> era una granja en una calle de tierra que llevaba por nombre <<Lodo>>, en un pueblito de Carolina del Norte. Mientras la mayoría de los chicos aprendían el abecedario, yo aprendía a ocultar secretos, mientras me robaban la inocencia. El abuso sexual empezó a los siete añitos, y continuaría durante diez largos años. Mi abusador se había casado con un familiar, dándole acceso fácil. Amenazaba con matarme si le denunciaba. Pero él no tenía de qué preocuparse. Nadie me habría escuchado de todas maneras. Mi secreto era solo uno de los muchos que se guardaban en nuestro hogar.

Capítulo 2

SECRETOS FAMILIARES

Supongo que cada hogar tiene por lo menos un secreto de familia —algún secreto oscuro que muy conscientemente se ha escondido en un rincón discreto. Estos engaños que pasan desapercibidos bajo la superficie son como una olla de miedo que se cuece a fuego lento, y que puede hervir y derramarse bajo la amenaza de ser revelado. Durante mi niñez y adolescencia, nuestros secretos poco a poco se iban revelando, causando muchísimo estrés en nuestra familia.

Todo empezó a principios del siglo 20 cuando mi bisabuelo, el reverendo Jeremiah Black, se mudó a Carolina del Norte y fundó una secta religiosa. Aunque nunca le conocí, con frecuencia a lo largo de mi niñez se narraba con orgullo la historia de la fundación de la iglesia de nuestra familia. Para la próxima generación, mi abuelo, el hijo del reverendo Black, fundó una denominación parecida, que ahora tiene muchas iglesias en Carolina del Norte. Esta es la tradición religiosa en la que nací — un sistema poderoso que ha pasado por cuatro generaciones de mi familia. Es lo que me enseñaron a llamar <<la iglesia>>.

Aunque usaron la Biblia de muchas maneras para establecer los estatutos de la iglesia, en realidad sus doctrinas solo se vinculan con unos pocos versículos que llevan el legalismo a un extremo.

De niña, lo único que comprendía de nuestra iglesia era una lista de reglas que prohibían que yo hiciera ciertas cosas. No me permitían llevar maquillaje, ni joyería, ni pantalones, ni tampoco ropa de moda. No podía mirar la televisión ni películas, y no podía ir a conciertos. Aun nuestras vacaciones familiares tenían que ser autorizadas por <<la iglesia>>. Muchas de las doctrinas de la iglesia, sin embargo, se consideran estrictamente confidenciales, y solo se les revelan a los miembros después de que se han integrado totalmente en la familia eclesiástica.

Para mí, la religión llegó a ser solo una colección de preceptos que obedecíamos para tratar de agradarle a un Dios que solo nuestros actos piadosos podían contentar; sin embargo, este sistema no ofrecía ninguna gracia, ni tampoco la esperanza de lograr vivir una vida tan noble. De niña, me era difícil entender el laberinto de normas y reglamentos que gobernaban nuestra familia. Lo único que entendía era que no teníamos ningún control sobre nuestras decisiones personales.

Recuerdo que me sentía muy avergonzada cuando asistíamos a la escuela pública, porque éramos tan diferentes de los demás chicos. De mis compañeros de clase, oía historias de sus iglesias y me preguntaba por qué eran tan libres para hacer cosas <<normales>>. *¿Era solo nuestra iglesia que tenía estas normas estrictas?*

En la escuela primaria, nuestra ropa y nuestros peinados pasados de moda nos distinguían de los otros chicos —en fin, éramos marginados. Y aunque dos o tres años antes de que yo empezara la escuela secundaria los líderes de la iglesia relajaron la mayoría de las normas de vestimenta más estrictas, siempre me sentía marcada por aquellos primeros años cuando sufría tanta confusión y tantas burlas.

Mis abuelos habían criado a mi madre de la misma manera, así que mis tres hermanos y yo nos educamos así también. Sin embargo, luego descubrí que mi madre no siempre había estado del todo de acuerdo con el sistema.

Mi madre, Debby, era la mayor de dos hijas —nietas del reverendo Black. Cualquier persona que mira las fotos de su niñez y juventud ve inmediatamente que mi madre era muy guapa. Tenía la piel muy bella y una figura que competía con la de Marilyn Monroe. Exquisitamente femenina, tenía el pelo largo y rizado y piernas que les llamaban la atención a casi todos los muchachos, lo cual le provocaba angustia a mi abuelo. Nunca le permitían acentuar su apariencia, debido a las normas religiosas estrictas; sin embargo, era difícil ocultar su belleza. Al final —y a pesar de su ropa anticuada— llamó la atención de uno de los chicos más populares de una comunidad cercana, y se inició una relación prohibida.

De casi seis pies de alto y de pelo negro y rizado, Bob era increíblemente guapo. Su personalidad encantadora y extrovertida solo aumentó su popularidad, especialmente con las chicas. Cuando mi madre narraba la historia de su relación, decía que tenía que competir con varias señoritas atractivas que también querían salir con el joven guapo. La atracción entre Debby y Bob crecía, de manera que empezaron a pasar tiempo juntos en secreto, sabiendo que era estrictamente prohibido que un miembro de la iglesia saliera con alguien que no fuera parte de la congregación. La iglesia de nuestra familia ponía mucho empeño en proteger a nuestra pequeña comunidad religiosa del contacto con el mundo exterior. Salir con una persona que no era parte del <<círculo íntimo>> era inaceptable. Era imprescindible proteger a la iglesia y sus miembros de la contaminación de influencias externas.

Aunque su padre la vigilaba con mucho cuidado, no pudo impedir que la atracción entre los jóvenes creciera. La relación entre Debby y Bob pasó de una atracción superficial a un interés muy sincero. Inevitablemente, la iglesia se enteró.

Humillado por las acciones de su hija, mi abuelo intentó terminar la relación entre los dos. Aunque estaba acostumbrado a controlar la congregación entera, no pudo controlar a mi madre. A pesar de su esfuerzo, el abuelo Black no logró convencerla de que se casara dentro del sistema, como lo había hecho su hermana menor. En un momento increíble, mamá se escapó de las restricciones sofocantes de su juventud. Ella y papá se fugaron.

Cuando descubrió que su hija había desobedecido sus amonestaciones, mi abuelo la <<desheredó>> —en la iglesia, era una respuesta común para tal desobediencia. Pero en vez de aprovechar esa oportunidad de comenzar una vida nueva, libres de las restricciones estrechas de la iglesia, mamá y papá trabajaron duro para volver a integrarse a la familia. Aunque mis abuelos se negaron a reconocer que estaban allí, mamá y papá empezaron a asistir a la iglesia familiar, esperando arreglar la relación. Finalmente, lo lograron. Con el tiempo, los líderes y mi abuelo suavizaron su postura contra mamá y su nuevo esposo, viendo que él aceptó las doctrinas de su religión. Finalmente, perdonaron a mis padres y los aceptaron de nuevo. Pero, aunque parecía que todo se había resuelto, no se eliminó la raíz de rebelión contra las pautas restrictivas. Más tarde, mamá y papá volverían a rebelarse contra el sistema.

Capítulo 3

APRISIONADA POR LA RELIGIÓN VACÍA

Cuando estaba en el cuarto o quinto grado de primaria, mis padres habían empezado a alejarse de algunos de los elementos más opresivos de la iglesia. Creo que se debía en parte a la reacción de mi madre contra las pautas estrictas que le enseñaron de niña. En aquel tiempo, a veces insistían en que los miembros de la iglesia ayunaran, incluso los niños. A veces mi madre tuvo que pasar sin comer varios días para «purificarse». Pero las restricciones externas eran lo que le causaban más angustia a mi mamá, porque atraían la atención de los demás.

Vecinos y compañeros de clase, que tenían buenas intenciones y sentían lástima por la ropa anticuada y restringida de mamá, le regalaban ropa y zapatos. Pero, aunque los regalos fueran nuevos o usados, mamá, sin embargo, tenía que entregárselos todos a sus padres. Es fácil imaginar el efecto devastador que tuvo esta práctica, puesto que cada regalo quedó condenado como ofensivo y «pecaminoso».

Después de un pasado tan doloroso, era natural que mi mamá, así como mi padre, empezaran a aceptar el cambio. Sabían, sin embargo, que si ellos violaban aun la menor de las reglas, los líderes de la iglesia los castigarían severamente y los despedirían de cualquier puesto de liderazgo que tuvieran en la organización.

Fue un riesgo que al final estuvieron dispuestos a asumir cuando conocieron al reverendo John.

Igual a como mi abuelo inició una versión levemente modificada del sistema que fundó mi bisabuelo, el padre del reverendo John también había abierto una iglesia pequeña en una comunidad a una hora de nuestra iglesia. Aunque la teología de todas estas iglesias era similar, cada una tenía sus doctrinas particulares. El sistema del reverendo John había aflojado las reglas más estrictas sobre el peinado y la ropa, lo cual les agradó mucho a mis padres. Pero también habían adoptado la doctrina de que el infierno no existe. Esta idea luego dividió el sistema en dos grupos: los que creían en el infierno y los que no. Provocó un conflicto entre mis padres y mis abuelos, puesto que adoptaron perspectivas contrarias.

A la vez que mis padres entablaron una amistad con el reverendo John, también adoptaron su sistema religioso. De la noche a la mañana, de repente nos dieron permiso a mis hermanas y a mí para usar ropa más moderna, hasta pantalones cortos. El reverendo John enseguida me cayó bien. Su familia tenía un carro nuevo y elegante, algo que de niña me impresionó, y sus dos hijos llevaban ropa más de moda. Pronto nos hicimos amigos.

Sin embargo, a lo mejor el mayor cambio que ocurrió como resultado de esto sucedió hacia un año después de que nuestra familia se había integrado al grupo del reverendo John. Desde el púlpito aquel domingo, él leía los anuncios. Yo escuchaba sin entusiasmo, cuando de repente dijo algo que nos sorprendió a todos nosotros. ¡Se iba a ofrecer un seminario de belleza!

Hambrientas de información, era natural que la mayoría de las mujeres de nuestra iglesia y de las tres otras iglesias afiliadas de nuestra denominación asistieran al evento que duró medio día. Aunque era demasiado joven para asistir, mis hermanas mayores acompañaron a mamá. La sorpresa que sentí cuando ellas regresaron me causó una impresión profunda. Kathy se había hecho cortar el pelo, que ahora apenas le tocaba los hombros. De hecho, poco después la mayoría de las mujeres de la iglesia del reverendo Juan lucían pelo corto, en contraste con el moño tradicional que imponía la iglesia de mi abuelo. Sentíamos como si nos hubieran quitado las cadenas de encima.

De niña, me encantó el liderazgo del reverendo John, sin comprender que, en realidad, la nueva religión que habíamos adoptado bajo su dirección era igualmente opresiva. La única diferencia eran algunas de las reglas. Cada grupo todavía mantenía una lista rígida de reglamentos, omitiendo el ingrediente más importante de la fe cristiana: una relación personal con el Salvador.

Después de asistir a la iglesia del reverendo John por un par de años, mis padres decidieron aceptar un puesto de liderazgo en una congregación pequeña. Cuando decidió jubilarse el pastor de una iglesia asociada —la que mi abuelo había fundado—, mis padres ocuparon el puesto de liderazgo y el reverendo John llegaba cada domingo a predicar. Todavía recuerdo esa iglesia pequeña y blanca cerca de nuestra casa rural, lejos de los ojos curiosos de los de fuera. Al mirar atrás, nunca recuerdo haber visto más de veinte o veinticinco personas en nuestros cultos dominicales.

De niña, tenía que sentarme en una de las primeras bancas, labradas de madera dura. Los sermones me parecían interminables, así que frecuentemente me concentraba en las rajaduras entre las tarimas del piso, por donde lograba ver las gallinas que corrían por el espacio debajo del edificio. Su despreocupada búsqueda de comida formaba un contraste fuerte con nosotros, que escuchábamos estoicamente los sermones del fuego y llamas del infierno que se nos gritaban desde la pequeña plataforma.

Aunque el legalismo todavía era la base de la salvación en esta secta nueva, sentíamos el alivio de poder por lo menos cortarnos el pelo y usar pantalones sin que nadie nos condenara, aparte de mi abuelo y algunas personas tradicionalistas que a veces llegaban para predicar. Definitivamente disfrutábamos las libertades nuevas, pero me provocaban mucha confusión. Cada cambio de reglas me dejó preguntándome quién tenía razón y quién no y si lograría llegar al cielo.

Siempre que mi abuelo venía a predicar, se aumentaba mi confusión. Su voz llenaba la pequeña iglesia desde el púlpito de madera hecho a mano. Sus mensajes siempre eran iguales: una lista de reglas estrictas que teníamos que obedecer para alcanzar la salvación. Recuerdo una mañana en particular que, mientras él hablaba, inconscientemente me toqué el cabello corto, tan distinto del moño que usaban mi tía, mi abuela, y las otras mujeres mayores dentro del sistema.

Mientras sermoneaba, recordé los cultos que nuestra denominación celebraba en el campo cada año, a los cuales mi familia siempre asistía. También llegaban personas de varias iglesias de todo el estado, muchas de ellas vinculadas a la iglesia original de mi bisabuelo. Siempre nos sacaban a relucir a mí y a mis hermanos como los bisnietos del fundador, el reverendo Black. Era natural sentir cierto orgullo familiar, pero con esos momentos venía mezclada la vergüenza ya que no obedecíamos el código de vestimenta rígido, lo cual era obvio a todos puesto que no usábamos el moño de costumbre. Frecuentemente, dejaba esos cultos con la determinación de no llevar pantalones ni tampoco cortarme el pelo. Pero una y otra vez violé mis promesas. Por eso, el cielo me parecía algo difícil o imposible de alcanzar. Hiciera lo que hiciera, siempre parecía fuera de mi alcance.

Volviendo al presente, recuerdo que me retorcía en la banca y el sudor me corría por la espalda mientras mi abuelo, desde el púlpito, enfatizaba vigorosamente su mensaje. Me sentía atrapada por el calor sofocante, provocado tanto por el clima como por el sermón. Cuando mi abuelo finalizaba el culto, nos ofrecía su plan de salvación y también la oportunidad de aceptar de nuevo sus reglas. Describían el castigo de nuestra rebelión en términos gráficos, refiriéndose a personas que sufrieron la muerte prematura por el cáncer o por algún accidente, provocado por la desobediencia. Esas semillas de miedo se sembraron en la tierra fértil de mi corazón joven y echaron raíces profundas, penetrando durante muchos años cada parte de mi ser.

Aunque esto en sí era bastante aterrador, pronto tendría que temer mucho más que las reglas de mi abuelo.

Capítulo 4

EL MONSTRUO POR DENTRO

Me quedé totalmente atónita cuando Sue, mi hermana mayor, entró en la cocina de nuestra pequeña casa de madera para presentar a su nuevo novio a la familia. Joe era alto, de pelo largo y oscuro, y muy guapo. Un estudiante en el último año de la secundaria y un atleta talentoso, todos en nuestro pueblo lo conocíamos, y el futuro parecía muy prometedor para este joven; parecía destinado al éxito con su buena apariencia, inteligencia, y talento atlético. Joe era de una familia muy respetada; era el hijo del pastor de la iglesia bautista de nuestra comunidad. Cuando me lo presentaron, me miró y me despeinó.

—¡Qué bonita eres! —dijo con una gran sonrisa.

El comentario me dio muchísimo gusto y sonreí de oreja a oreja. Fue la primera vez en mis siete años de vida que alguien se fijó en mí de manera positiva. Lo quedé viendo con ojos dulces e inocentes como un cachorro que ruega la atención de su amo. ¡Alguien me había llamado «bonita»!

Era por algo que sus palabras me impactaron tanto. A lo largo de mi niñez, mi abuela y mis padres relataron una y otra vez la historia de mi nacimiento. Me dijeron que me acabaron de limpiar cuando mi padre entró para ver a su hija recién nacida.

—Qué niña más fea —comentó al acercarse a la cama donde mi madre me tenía en sus brazos.

Poco después, mi abuela llegó para verme. Sus comentarios eran muy parecidos a los de su hijo: —Bueno, Debbie, es la más fea de todas tus hijas hasta ahora.

Durante mi niñez, siempre que se narraba la historia, el cuarto se llenaba de risa. Yo también me reía para ocultar el dolor, pero me sonrojaba de vergüenza. Anhelaba ser bella. Viendo mi dolor, a veces mi madre me llevaba a un lado después de que la familia se había ido. Acariciándome el pelo, me decía: —Jenny, para mí eras una niña linda—. Pero en vez de borrar mi dolor, solo me daba lástima por ella. Creo que a ella tampoco le resultaba fácil escuchar tantas veces la historia.

Para echar sal en la herida, también escuchaba a mi padre cuando se refería a mí como su «error». Él y mamá ya habían decidido no tener más hijos, y les sorprendió oír que iban a tener otro. Se adaptaron a la situación inesperada, pero les dio otra sorpresa cuando el doctor anunció que yo era niña. Mis padres sólo habían escogido nombres de varón. Quizás lo inesperado de mi nacimiento aumentó los sentimientos negativos que mi padre tuvo sobre el evento, pero eso no calmó el dolor que yo sentía por sus comentarios. Cuando narraba la historia, parecía confirmar en mi mente que yo era fea, un error, y sin valor.

Por eso, quiero hacer hincapié en la importancia de que los padres y los adultos entiendan cómo sus palabras afectan a los niños. Las palabras alentadoras dan ánimo y producen conducta positiva, mientras que las palabras dañinas lastiman el corazón. Deseaba oír palabras de afirmación. Ese anhelo intenso me hizo muy vulnerable a lo que sucedió después.

«Es tan amable» pensé, disfrutando el comentario halagüeño de Joe. De hecho, le tenía envidia a mi hermana por su nuevo novio. No tenía ni idea de que el hecho de ser bonita a los ojos de Joe llevaría a diez años de terror y abuso. Como me sentía fea y rechazada, era el blanco perfecto para sus avances.

Quiero mencionar aquí que es crítico que los padres entiendan que si sus hijos no se sienten amados, puede abrir la puerta a este tipo de relación abusiva. Creo que es importantísimo que las madres y los padres pronuncien bendiciones sobre sus hijos, para que estos se sientan bellos y dignos de amor. Sus palabras positivas tienen un valor inestimable y tienen un impacto en los hijos que dura toda la vida. Cuando los niños saben que sus padres los aman profundamente, es como una muralla alrededor de ellos que los protege de depredadores sexuales que buscan nuevas víctimas.

Otra protección poderosa que los padres les pueden brindar a sus hijos es utilizar la palabra de Dios para hacer declaraciones proféticas a diario sobre sus hijos. Jeremías 1:12 declara, «yo vigilo sobre mi palabra para ponerla por obra». Por eso, recomiendo que los padres lean el salmo 91, poniendo los nombres de sus hijos. Puesto que Dios vigila sobre esta porción de su palabra para ponerla por obra, se forma una fortaleza espiritual que protege a los hijos, mientras viven en este mundo pecaminoso y caído.

Cuando tenía unos veinte años, leí un artículo de revista sobre cómo reconocer las señales de niños que sufren el abuso sexual. La lista incluía mojar la cama, la depresión, el miedo extremo, ser demasiado introvertido, sentimientos de culpa y pensamientos suicidas. Revisando los síntomas, ¡me di cuenta de que tenía cada uno de ellos!

Por dentro, grité, «¿Por qué no se fijó nadie? ¿Por qué eran tan indiferentes?» Todas las señales estaban presentes. Cualquier persona debía poder confirmar que era víctima del abuso, o como mínimo que algo andaba muy mal. Pero no dijeron nada.

Siendo yo la menor de cuatro hijos, admiraba profundamente a Sue, la mayor. Tenía ocho años más que yo, y ella era todo lo que no era yo. Era bella, pero tenía una fuerza y sensatez que yo respetaba. Se llevaba bien con todos y yo era su sombra. Traté de imitarla, hasta en el área de los deportes. En la escuela, Sue había sobresalido en el sófbol. Me encantaba acompañarla a los partidos y yo me ofrecía para ayudar al equipo en todo lo que podía. Tenía muchas ganas de poder jugar un día. Imaginaba que, cuando tuviera suficiente edad para jugar en un equipo, tendría tanta destreza como ella. Pero, al contrario, fue un fracaso total. Era obvio que no tenía ni la coordinación ni el talento atlético de Sue. El entrenador solo negó con la cabeza.

—Seguro que no juegas como tu hermana —dijo francamente, indicando que no hacía falta que volviera al próximo entrenamiento.

Sue no sólo se distinguía en el sófbol, sino que también sobresalía en la equitación. Fue ella quien me enseñó a montar a caballo. Recuerdo que tenía mucho miedo de los animales enormes cuando era pequeña.

—No tengas miedo, Jenny. Tú puedes hacerlo —me dijo con entusiasmo. Aun así, tenía demasiado miedo para montar con confianza. Otra vez, fracasé.

El miedo era mi compañero constante; parecía que todo me daba miedo. No tenía idea de que un nuevo tipo de terror pronto entraría en mi vida.

Sue y Joe se casaron inmediatamente después de enterarse de que ella estaba embarazada. Él venía de una familia respetada y la boda se celebró en la iglesia comunitaria. Pero, aunque mis padres intentaron ocultar el motivo verdadero de la boda, era imposible en una comunidad tan pequeña. Al entrar ellos en la iglesia, la gente murmuraba; mis padres se avergonzaron, junto con toda la familia.

Aunque Joe se había criado en la iglesia bautista, por un tiempo se incorporó a nuestro sistema religioso, rechazando totalmente su pasado para calmar a mis indignados padres. Pero después de la boda, de repente abandonó nuestra iglesia e insistió en que Sue asistiera a la iglesia donde su padre era pastor. Claro, esto provocó más tensión entre mis padres y su nuevo yerno. También aumentó la influencia de Joe en mi vida. Aunque mis padres tenían poco contacto con Joe y Sue después de esto, no les importaba que yo pasara tiempo con ellos. De hecho, mis padres frecuentemente me mandaban a la casa móvil de Joe y Sue, que quedaba a solo cinco minutos de nuestra granja. Si mis padres hubieran prestado más atención, quizás se habrían fijado en que los halagos amables de Joe poco a poco se transformaban en algo diferente.

Joe era tan guapo, y siempre era muy amable conmigo. Siempre que estaba en nuestra casa, tomaba tiempo para charlar conmigo y elogiarme. Al principio, fue un gusto que alguien me prestara tanta atención. Durante esos años, mis padres tenían trabajos de tiempo completo, además de trabajar en la granja, y tenían muchas responsabilidades en la iglesia. Como consecuencia, no estaban mucho en casa. Por eso, era común que me mandaran a la casa de Sue frecuentemente los fines de semana y hasta por varias semanas durante el verano, cuando no estaba yo en la escuela. Dentro de poco, Joe empezó a manifestar un carácter muy diferente.

Solo unos meses después del matrimonio, la felicidad inicial desapareció, y Joe empezó a volverse furioso por los detalles más insignificantes, abusando verbalmente a mi hermana. Durante el próximo año, observé el efecto triste en ella: Joe lanzaba sus insultos como flechas que destrozaron la confianza de mi hermana. Me entristecía mucho al escuchar los ataques verbales que Sue tuvo que padecer, pero como era tan joven, nunca me atreví a defenderla.

Una mañana, Joe buscaba a Sue por todas partes de la casa, gritando palabrotas. No recuerdo qué infracción despertó su ira aquel día —quizás ella no lavó la ropa, o tardó mucho en preparar el desayuno— lo único que recuerdo fue el miedo y el tormento que vi en los ojos de mi hermana. La tensión crecía cuando Joe trabajaba el turno de noche, volviendo a casa en la mañana para dormir. Esto era muy problemático cuando tuvieron hijos. Aunque Sue hacía todo lo posible para callarlos, tarde o temprano hacían más ruido, y salía Joe de la recámara para regañarla.

Mientras seguían los asaltos verbales, Sue se transformó: antes, era una joven fuerte y segura de sí misma, pero se volvió tímida y cohibida, y vivía atemorizada por su esposo. Ahora, con mi hermana totalmente bajo su control, Joe volvió la mirada hacia mí.

Muchas veces mi esposo me ha contado historias de su juventud: recuerdos agradables de estar sentado en un pupitre en la escuela con lápices nuevos; llegar a una casa cómoda, llena del olor de pan recién salido del horno; sentarse en el regazo de su madre, quién le abrazaba y le leía libros; excursiones familiares. Esto es lo que él recuerda de su familia católica estrechamente unida. Sólo tiene recuerdos felices de una madre que cuidaba con mucho cariño a sus tres hijos y a su esposo. A menudo me pregunto cómo sería tener recuerdos tan dulces de la infancia. Por otro lado, mis recuerdos consisten en imágenes de estar en cama cada noche, todo el cuerpo muy tenso, al escuchar los chirridos del piso de aquella casa móvil.

En un instante, otra vez me encuentro en esa pequeña recámara: la puerta se abre, y el olor a cerveza que traía Joe solo acentuaba la cercanía de su cuerpo al mío. Cierro los ojos y oro para que se vaya mientras me toca el cuerpo de una forma destinada solamente para las parejas casadas. Me decía que me amaba, palabras totalmente repugnantes y pervertidas, pero yo trataba de creerlas, porque tenía tanta necesidad de sentirme valorada y amada.

Con el paso de los años, la sórdida escena se repitió con acostumbrada frecuencia. Aturdida tanto por el abuso como por el control religioso, mi corazón siempre estaba en un estado de caos y confusión. El conflicto por dentro crecía con el tiempo, porque de día me hablaban constantemente de las reglas que tenía que seguir para ser «recta y justa», y de noche tenía que sufrir actos pervertidos. Me sentía atrapada entre dos mundos que me querían dominar totalmente. El sistema religioso me abusaba mentalmente, mientras Joe me abusaba sexualmente. Aun después de que Joe volvía a su propia habitación, me resultaba difícil dormirme, porque me atormentaban las imágenes de los actos viles que él cometía, actos que seguramente me iban a condenar a una eternidad en el infierno.

Los cultos de nuestra iglesia solo confirmaban esa idea aterradora. Aunque mis padres siguieron las normas relajadas de la iglesia afiliada, habían invitado a mi abuelo Black a predicar varias veces. Cada vez, su mensaje era igual, lo cual confirmaba mis temores. Por su estatura alta y su semblante severo, era una figura imponente; además, cuando predicaba, el púlpito temblaba bajo los golpes que le daba con su mano.

Cada vez que le oía predicar a mi abuelo, se reafirmaba la idea de que yo no llegaría al cielo. Quería ser buena y trataba con todas mis fuerzas de seguir los pasos que me llevarían a esa meta tan idealista, la de ser salva. Una noche, cuando Joe entró en mi cuarto y empezó a satisfacer sus deseos, me eché a llorar.

—¡Para, por favor! Quiero ser salva. Quiero que Dios me acepte —imploré, tratando de empujarlo para que me dejara.

—Me obligas a hacer esto —susurró con enojo—. Y si alguien se entera, te vas a meter en líos.

En voz baja, Joe explicó exactamente lo que quería decir con «líos».

—Si se entera tu hermana, te cortará la cabeza y te colgará en el corral hasta que tu cuerpo se desangre por completo.

Quizás parezca absurdo que yo creyera tal idea, pero me crie en una granja, y esta escena gráfica describe exactamente cómo matábamos las gallinas. Temblé involuntariamente imaginando lo que él describió.

La amenaza hizo ecos en mi mente hasta que finalmente me calmé y dejé que Joe continuara, totalmente convencida de que nunca sería salva.

Tenía doce años cuando Joe me dio mi primer trago de cerveza. Al principio, apenas podía tragar el líquido asqueroso, pero después de tomar un poco más, me di cuenta de que me calmaba y me dejaba insensibilizada al dolor de la invasión de Joe. Luego, el alcohol llegó a ser una parte central de nuestro ritual nocturno, hasta que llegó a ser no solo una forma de anestesia sino una necesidad.

Después de acostumbrarme a la cerveza y al vino, Joe me animó a tomar diferentes licores. Con el tiempo, me compraba todo lo que le pedía, sabiendo que cuando estaba borracha, yo hacía lo que él quería. Yo solo sabía que en esos momentos, el alcohol me quitaba el dolor.

Es una ironía triste que mientras yo aceptaba demonios de alcoholismo, mi abuelo trataba de echar fuera demonios de otros.

Capítulo 5

SECRETOS DE LA IGLESIA

Nunca me olvidaré de un culto dominical en particular en los primeros años de mi niñez. Mi abuelo frecuentemente trataba un tema particular cuando predicaba: los demonios. Era una tarde calurosa de verano y la iglesia estaba llena para aquel culto, y usábamos abanicos para mover el aire espeso mientras mi abuelo hablaba con vigor de los demonios que él había expulsado de diferentes personas. La gente sentada cerca de mi gritaba sus alabanzas a Dios, como si la fuerza de su voz tuviera algún poder para protegernos contra los espíritus que mi abuelo describía. Tenía la impresión de que pronto el culto se convertiría en lo que más temía: mi abuelo iba a echar fuera de alguien un demonio. La experiencia entera me asustaba terriblemente.

En tales cultos, a veces me escondía debajo de las bancas porque me incomodaban tanto las cosas extrañas que se hacían y se oían. Después de esos cultos, mi hermana Sue tenía que buscarme por todos lados. Como la iglesia era pequeña, no le costaba mucho tiempo encontrarme y sacarme del refugio donde me había escondido.

—No tengas miedo, Jenny —me susurraba, intentando consolarme—. Estás bien.

Pero sus palabras no calmaron mis temores para nada. Cuando era niña, llegué a tener tanto miedo a la gente que hasta tenía miedo de ir a la escuela, y a veces me escondía en un armario donde guardábamos sábanas y toallas. A esa edad, pensaba que de alguna forma mamá no se fijaría y llevaría a mis hermanos a la escuela, dejándome a mí en casa. Claro que nunca fue así. Recuerdo muy bien que mi tía describió algo que pasó en uno de los cultos de mi abuelo. Él sermoneaba con su entusiasmo normal, hablando de su tema favorito, cuando entró en la iglesia una mujer robusta de unos treinta años. Casi inmediatamente, echó a gritar y se cayó al suelo; su cuerpo se movía violentamente en el piso, como una serpiente fuera de control. Sin vacilar, mi abuelo se acercó a la mujer y empezó a mandar que los demonios se fueran. El ruido se incrementó: los gritos de mi abuelo competían con los alaridos de la mujer; pronto, se veía una mancha mojada en su vestido, que luego se convirtió en un charquito amarillo.

Cada vez que mi abuelo predicaba sobre los demonios, yo temblaba, pensando en esa historia. Una y otra vez pensé: «Ay, Dios, ¿y si me pasa lo mismo?»

Mi familia hablaba muy a menudo de los demonios, como alguna gente habla del clima. Me daba mucho miedo la idea de que los espíritus pudieran controlar a la gente así. Hoy, después de estudiar la Biblia, entiendo que según Lucas 10:19-20, los creyentes en Cristo Jesús tienen dominio sobre estos espíritus inmundos. Jesús dijo:

> *Les he dado autoridad a ustedes para pisotear serpientes y escorpiones y vencer todo el poder del enemigo; nada les podrá hacer daño. Sin embargo, no se alegren de que puedan someter a los espíritus, sino alégrense de que sus nombres están escritos en el cielo.*

Cuando era niña, sin embargo, no entendía que tenía protección contra estas fuerzas invisibles que se discutían con tanta regularidad en nuestra iglesia y en nuestro hogar.

Mi hermano mayor observó que este tema me daba miedo y lo usó como una herramienta para atormentarme.

—Jenny, estás llena de demonios, ¿verdad? —me dijo cruelmente, en varias ocasiones cuando mi comportamiento le enojaba. Creía sus burlas, y pensaba que, si los líderes de la iglesia se enteraban, yo sería la próxima que tendría que pararme delante de toda la congregación.

Las palabras no eran la única herramienta que mi hermano usaba en su acoso juguetón. Y para mí, su conducta fue mucho más allá del «juego».

Capítulo 6:

DIVERSIÓN A MI COSTA

Obviamente, para mi hermano las cercas de nuestra granja servían un propósito doble. Eran cercas eléctricas, y podíamos apagar la electricidad o prenderla para que los animales no se escaparan, en particular los toros que pastaban en el campo al lado de nuestra casa.

Scott era un poco travieso. Tenía cinco años más que yo, y frecuentemente manipulaba situaciones para incomodarme, costumbre frecuente del hermano mayor. Pero las burlas de Scott tenían un elemento de control malvado, y le gustaba intimidarme.

Un día de verano cuando Scott tenía unos trece años, él y yo dábamos de beber a los animales, pasando de corral en corral. La electricidad de las cercas estaba apagada y pasábamos con dificultad por los espacios estrechos entre los alambres eléctricos que separaban diferentes áreas. Arrastrando la manguera, llenamos varios bebederos, observando los animales que enseguida se acercaban para tomar el agua fresca. Después de llenar otro bebedero para el ganado que estaba justo detrás de nuestra casa, mi hermano me mandó que fuera hasta el corral que estaba al lado del garaje.

Tirando fuertemente de la manguera, pasé al próximo corral; luego, agarré de nuevo la manguera y le di otro tirón para pasarla por debajo de la cerca hasta el corral donde ahora me encontraba. Pero después de trabajar tan duro para dar de comer a todos los animales, mi camisa y mis pantalones ahora estaban empapados de sudor. Por suerte, íbamos a terminar pronto.

—¿Todavía está apagada la electricidad? —pregunté con recelo, al observar que Scott estaba cerca de la puerta del garaje. El interruptor de la cerca estaba justo a la entrada.

—Claro que sí —dijo sonriendo—. No hay peligro. Vuelve para acá.

Cuando agarré los alambres para pasar entre ellos, la corriente eléctrica pasó por mi cuerpo con una fuerza tremenda. No podía soltar los alambres. Mientras la electricidad corría por mi cuerpo, sentía un calor intenso en todo mi cuerpo. Apenas podía respirar. Riéndose, Scott entró en el garaje y apagó la electricidad, lo cual me permitió soltar los alambres y caerme al suelo, temblando y llorando. Me dolía todo. Quería que Scott me dijera que se sentía arrepentido, pero lo único que escuché fue su risa. Cuando por fin logré volver a la casa y se lo conté a mi mamá, no le dio ninguna importancia.

—Olvídalo, Jenny. Vas a estar bien —dijo, mostrándose indiferente a la ofensa.

Como el único muchacho de nuestra familia, mis padres adoraban a Scott y siempre lo defendían; ya lo estaban preparando para ser el próximo líder de nuestra iglesia, después de que el reverendo John cediera el puesto. Puesto que él y Sue eran mayores, mamá y papá a menudo dejaban que ellos nos cuidaran a mí y a mi otra hermana, Kathy, después de la escuela. Esto quería decir que durante unas dos o tres horas cada día, nuestros hermanos mayores se encargaban de nosotros, sin la supervisión de nuestros padres. Detestaba ir a la casa de Sue, por el miedo que le tenía a Joe, pero también tenía miedo de lo que pasaría si a mi hermano le daba ganas de divertirse.

La mayoría de los días, mirábamos nuestros programas favoritos en la televisión y luego salíamos a jugar. A veces llegaban también nuestros primos, quienes vivían en la misma calle a poca distancia de nuestra casa.

Siempre dedicábamos tiempo a nuestros quehaceres, pero también teníamos tiempo y mucho espacio para jugar en la granja de cuarenta y cinco acres. Una tarde, andaba por el jardín detrás de nuestra casa, buscando uno de nuestros gatos, cuando Scott me gritó para que jugara con él en el silo de maíz. Jugar allí era muy divertido. Dejábamos la puerta abierta para que entrara la luz, y subíamos la escalera para dejarnos caer en el montón blando de maíz. Siempre se levantaba una nube de polvo, así que después de dejarnos caer varias veces, había tanto polvo que era difícil respirar.

Ese día, cuando estaba cansada de echarme sobre el maíz, me resultó difícil sacarme del maíz movedizo, y empecé a entrarme en pánico. Luego, antes de poder gatear hasta la puertita por donde habíamos entrado, la puerta empezó a cerrarse y la luz que pasaba por la puerta empezó a disminuirse. Finalmente, me encontré en oscuridad total y escuché que se cerró el pestillo de la puerta.

—¡Scott, esto no es chistoso! —grité, aterrada por la oscuridad que me rodeaba—. ¡Abre la puerta!

Solo escuché el sonido de la vara que usábamos para mantener cerrado el pestillo, y sabía que la habían colocado en su lugar. Acercándome poco a poco a donde pensaba que quedaba la puerta, empecé a dar golpes en la pared metálica, pidiéndole a Scott que me soltara.

—¡Por favor, Scott, ábreme! —seguí gritando, golpeando la pared para llamarle la atención.

—Hay serpientes allí adentro, Jenny. Debes tener cuidado —respondió con burla desde afuera del silo.

Aunque esa idea era ilógica, mi corazón palpitaba ante la idea de que no estaba sola en esa prisión. Por instinto, me encogí en posición fetal, esperando protegerme así de los depredadores que compartían ese espacio conmigo, según Scott. Corriendo alrededor del silo circular, Scott respondió a mis gritos pegando la pared del silo con un palo. Di un salto de susto con cada golpe, porque nunca sabía por dónde escucharía cada golpe, ni tampoco si los golpes eran del palo o de uno de mis compañeros de celda.

—¡POR FAVOR! —le rogué.

Scott había usado la misma táctica muchas veces antes; disfrutaba atormentarme. Con el tiempo, me había dado cuenta de que mis gritos eran inútiles. Finalmente, había aprendido a callarme y resistir hasta que la pesadilla se acababa. Fue el mismo mecanismo de defensa que usaba cuando Joe me abusaba sexualmente. Apagaba totalmente mis emociones. Esos ratos en el silo de maíz parecían interminables. Después de aprender a callarme, pasaba el tiempo mirando por todos lados y buscando enemigos serpentinos en la oscuridad. Finalmente, oía que se removía la vara del pestillo, se abría la puerta, un rayo de luz entraba en el interior del silo, y Scott echaba un vistazo por dentro.

En esta ocasión particular, como rayo salté de donde estaba y me lancé hacia la puerta. Abriéndola con un empujón, me caí al suelo al lado de mi hermano. Sin hacer caso del dolor, en seguida me puse de pie y corrí a toda velocidad hasta la casa. Ni siquiera miré para ver si Scott me seguía; estaba aterrorizada pensando que me agarraría y me tiraría de nuevo en el silo. Tenía una sola meta: llegar a la seguridad que ofrecía mi cuarto.

Pasé por la puerta como un huracán, y no me detuve hasta llegar a mi cama donde me tiré encima de la colcha blanda. Pero después, apareció un sarpullido en la piel provocado por el polvo de maíz y el miedo. Asegurándome de que nadie me observaba, pasé sigilosamente al baño. Abrí el grifo y después de llenar la tina de agua, le eché un poco de bicarbonato. Había aprendido de mamá que el bicarbonato podía calmar la comezón. En la tina, contemplé lo que Scott había hecho. ¿Cómo podía ser tan amable a veces, y luego al instante volverse tan cruel? Mis lágrimas fluían libremente por las mejillas y se caían al agua. No salí de mi refugio hasta que mamá nos llamó a comer.

Cuando nos sentamos en la mesa, por un instante, Scott y yo cruzamos la vista: su aspecto indicaba que el incidente todavía le parecía gracioso.

—Mamá, Scott me encerró en el silo de maíz —prorrumpí, enojada que él pudiera divertirse atormentándome así.

—¡Jennifer! —exclamó mamá, mirándome detenidamente por primera vez ese día—. Tu hermano jamás haría semejante cosa.

No había palabras de consuelo, sino solo de reproche. Cansadísima de todo el trabajo que había hecho aquel día, mi madre nunca investigó el incidente ni tampoco volvió a considerarlo. Como siempre, le parecía imposible que Scott hiciera algo digno de corrección.

Yo no tenía ni idea de que la enemistad entre mi hermano y yo se incrementaría un día a un nivel mucho más alto que sus burlas juveniles. De hecho, causó una división en mi familia cuando él llegó a ser el pastor y dedicó todo su esfuerzo para destruirme, aunque parecía probable que otros me destruyeran primero.

Capítulo 7:

MIS AMIGOS VERDADEROS

—¡Más fuerte! ¿Qué te pasa, muchachita? —gritó el muchacho más alto. Yo jugaba en el columpio que se encontraba en un campo de tierra detrás de nuestra escuela rural. Iba allí a veces después de la escuela cuando estaba segura de que nadie más iba a estar. Prefería estar sola para que nadie me pudiera lastimar. Apartándome en silencio, lo encontraba difícil hacer amigos. Por lo general, quería pasar desapercibida. Como la mayoría de las víctimas del abuso, estaba muy ansiosa, y aun a una edad temprana empecé a levantar barreras emocionales para no sufrir más daño. Me parecía mucho mejor así. Así, me sentía segura.

Los insultos continuaron mientras cinco o seis muchachos de mi edad me enfrentaron, lanzando sus flechas verbales. Seguí mirando hacia adelante, tratando de no hacerles caso, pero sus palabras me hirieron.

«Solo voy a seguir columpiándome y finalmente dejarán de hacerlo», pensé. Era mi respuesta instintiva, mi única defensa. Pero en vez de parar, el acoso empeoró: los chicos empezaron a escupirme y sentí mucha saliva que caía en mi pelo y en mi ropa. Nadie lo vio, y nadie vino a ayudarme; solo seguí columpiándome, sin manifestar ninguna reacción emocional. Finalmente, los chicos se cansaron de su juego y se fueron. Cuando estaba segura de que se habían ido, me bajé del columpio cubierta de su saliva y corrí a mi casa. Solo entonces solté los sollozos dolorosos que surgían desde el fondo de mi alma. Pero llorar brindó muy poco consuelo a las heridas que se acumulaban en mi corazón. Conocía a todos los chicos que participaron en el ataque feo. En nuestra pequeña escuela, todos nos conocíamos. Pero nunca le hablé a nadie sobre el incidente. Por causa del abuso, una parte de la víctima literalmente se muere; uno se acostumbra a no hacerle caso al dolor. Muchas personas creen que el dolor desaparecerá más tarde, pero no es así; el dolor permanece, aun muchos años después de que el abuso se ha acabado. Se necesita un milagro para erradicar este tipo de agonía: el milagro de Jesús.

El diablo sabe que destruir a los niños es la manera más eficaz de destruir una nación. Cuando los niños sufren heridas y no sanan, llegan a ser adultos heridos que a su vez reproducen más niños heridos.

Quizás parezca muy simple decir que Jesús sana, *pero es una verdad absoluta*. Él nunca rechazará nuestra petición para sanidad, cuando le pedimos humildemente, «Señor Jesús, por favor, sáname de lo que me hicieron». Yo soy el ejemplo por excelencia de que el trauma puede convertirse en victoria y la tristeza puede transformarse en gozo. Me gusta lo que Jesús dijo de sí mismo por medio del profeta Isaías:

> *El Espíritu del Señor omnipotente está sobre mí,*
> *por cuanto me ha ungido*
> *para anunciar buenas nuevas a los pobres.*
> *Me ha enviado a sanar los corazones heridos,*
> *a proclamar liberación a los cautivos*
> *y libertad a los prisioneros;...*
> *a consolar a todos los que están de duelo,*
> *y a confortar a los dolientes de Sión.*
> *Me ha enviado a darles una corona en vez de cenizas,*
> *aceite de alegría en vez de luto,*
> *traje de fiesta en vez de espíritu de desaliento.*

Serán llamados robles de justicia,
plantío del Señor, para mostrar su gloria.

(ISAÍAS 61:1-3)

No hay ninguna «fórmula» para sanar, aparte de contemplar el amoroso rostro de Jesús, lo cual se hace leyendo su Palabra. Los que leen la Biblia nunca dudarán que Él sana. De niña, frecuentemente miraba a los ojos de otras personas, anhelando que alguien se fijara en mí. Por dentro, gritaba: «¿No me puede ayudar nadie?» Mi vida cambió el día que conocí a alguien que dijo por fin: «Sí, te puedo ayudar y te ayudaré». Ese Alguien fue Jesús.

***

Aunque no tenía muchos amigos en los primeros años de la escuela, amaba a los animales. Como me crie en una granja, estaba rodeada de gallinas, gatos y vacas; los consideraba mis amigos verdaderos. Cuando hacía buen tiempo, me encantaba pasear por los pastos verdes con los animales y ver el movimiento de la brisa en el césped alto. A menudo me acostaba al lado de los terneros recién nacidos y miraba el hermoso cielo azul. El sol calentaba de una forma tan agradable que muchas veces nos quedamos dormidos juntos. La paz de los campos y la brisa suave calmaban mi alma. Siempre me sentía segura allí.

Nuestra granja estaba rodeada por una cerca de postes de madera, que sostenían dos alambres, ya sea alambre de púa o alambres sencillos. Por dentro, había corrales separados para las gallinas, el ganado, y los puercos, una gran huerta de verduras, y un campo de maíz. Los niños teníamos la responsabilidad de cuidar los animales y la huerta. Los veranos, estábamos siempre muy ocupados, y teníamos que despertarnos al amanecer.

Todas las mañanas, mi padre me despertaba llamando a voces «¡Levántate, Jenny!»

Frotándome los ojos, me levantaba y me ponía unos pantalones vaqueros y una camiseta sencilla, y luego iba a la huerta con un cubo de plástico para recolectar hortalizas.

Odiaba ese trabajo, especialmente cuando recolectábamos las habas. Cada día después de terminar, Papá hacía una «prueba de habas», para confirmar que nuestros cubos no tenían ninguna haba «plana». Las habas «planas» eran las que no se habían desarrollado totalmente. Por mucho que me esforzaba de evitar las habas planas, siempre había muchas en mi cubo. Para cada una, mi padre me regañaba o me daba un golpecito en la cabeza. Recuerdo que me preguntaba a mí misma por qué me era tan difícil hacer las cosas correctamente.

Generalmente, pasábamos la mañana recolectando hortalizas; cada uno de nosotros trabajábamos en una sola hilera a la vez. Las hileras me parecían infinitas. Mientras trabajábamos toda la mañana, el sol subía hasta que sus rayos nos caían a plomo. Volvíamos a casa a almorzar y luego hacíamos los quehaceres de la tarde, que constaban de desenvainar los frijoles, quitar las mazorcas del maíz, o lavar las hortalizas que habíamos recolectado esa mañana. Desde una edad muy temprana, los niños Thompson aprendimos a trabajar duro.

Cada día, hacíamos el trabajo lo más rápido posible, esperando que nos dieran permiso de montar a caballo o de nadar en uno de los lagos cercanos. Estoy muy agradecida de que mis padres nos enseñaran la importancia de trabajar duro. Me ayudó mucho durante mis años en la universidad.

Aunque no me gustaba trabajar en la huerta, vivir en una granja estimuló mi amor para los animales. Mi compasión se extendió a animales que no eran nuestros, y sentía pena por cada animal abandonado que llegaba a nuestra granja. Siempre que llegaba un animal hambriento, entraba a hurtadillas en la cocina; agarraba un tazón, un poco de pan y leche. Despedazaba el pan y lo combinaba con la leche en el tazón. Lo hacía frecuentemente para gatos abandonados que entraban en nuestra propiedad. Eran muy dulces y preciosos. Percibía su amor incondicional cuando se frotaban entre mis piernas y cuando les acariciaba el pelo. Esos gatos y yo teníamos algo en común, porque buscaban a alguien que los amara y los protegiera.

A Scott le correspondía dar de comer a los animales, aunque no me molestaba ayudarle. Era uno de los trabajos más largos del día. Cada mañana mientras pasábamos por los corrales, los animales cacareaban y mugían, esperando su comida.

Un día, pasaba al corral del ganado para darles de comer de un cubo. Las vacas estaban en diferentes corrales más allá de los animales pequeños, para que el ganado tuviera más espacio para pastar. Mientras llenaba el comedero, vi una ternera coja. Unos días antes, una de sus patas se le quedó atrapada en el alambre de púa. Ahora, la herida estaba infectada y la ternera no podía caminar desde el otro lado del corral para comer. Ya se miraba muy delgada, lo cual indicaba lo que le iba a pasar. Me entristecí mucho viendo la pobre ternera, en la que nadie más parecía fijarse. Me acerqué a ella y derramé un poco del alimento para que lo pudiera alcanzar. Me sentí muy feliz.

Desde entonces, cada día le llevaba alimento directamente a donde estaba, esperando que se recuperara. Era difícil darle de comer y beber, porque estaba lejos; tenía que hacer varios viajes cada vez, pero no me importaba. Aunque nadie más se preocupaba por la pobre ternera, yo sí. Ella era igual que yo.

Por fin, mi papá observó que la ternera coja engordaba y que, aunque caminaba con dificultad, se veía muy bien. Le agradó mi compasión y el trabajo duro que invertí para que la ternera sobreviviera, y le pareció precioso que le ayudara al animal herido; por eso, nunca me lo impidió. De hecho, podía ver que él estaba orgulloso de mí.

Una tarde, después de un día especialmente largo, nos sentamos a la mesa a cenar. En silencio llenamos nuestros platos y empezamos a comer, porque estábamos demasiado cansados para conversar. Pero papá tenía un gran sentido de humor. Siempre nos hacía reír y las comidas eran muy divertidas. Mamá era una cocinera maravillosa y ese día había preparado una deliciosa cena típica del sur del país los EEUU: había habichuelas con jamón, mazorcas de maíz fresco, panecillos caseros y dos tipos de carne: pollo frito y un asado.

Después de comer varios bocados, mi padre sonrió y elogió a mamá, tanto por la comida como por su hermosura. Luego, todavía sonriendo, me miró y anunció que el asado que comíamos esa noche era mi amiga: la ternera coja. Con lágrimas en los ojos, recordé los ojos conmovedores de la ternera y cómo ella confiaba en mí. Sabía que así vivíamos en la granja, pero todavía me fue muy difícil. Me consolé pensando que la pobre ternera por lo menos experimentó un poquito de amor en su vida. Para mí, eso fue lo más importante. Me levanté y me fui de la mesa; no quería comer ni un bocado más.

Capítulo 8:

VIOLADA

—Jenny, vamos a nadar —dijo Joe un sábado. Acabó de pasar por la puerta de enfrente, y pasó una de sus manos enormes por el rostro para limpiarse el sudor.

Joe me llevaba frecuentemente a diferentes lugares —solo él y yo— dejando a mi hermana sola en casa para que cuidara a su hijo James, que tenía unos dos años. Yo tenía nueve años, y Joe ya llevaba dos años entrando a escondidas en mi habitación. Me tenía totalmente bajo su control, y yo hacía todo lo que me mandaba. En muchas ocasiones, cuando estábamos sentados en la sala con mi hermana y el bebé, pedía que yo le diera un masaje de pies. A menudo creaba situaciones en las que él y yo teníamos algún tipo de contacto físico frente a ella. Si ella tenía alguna idea del abuso que yo sufría, no dio ninguna señal, pero él utilizaba esas situaciones para demostrar su dominio absoluto sobre las dos.

Recuerdo que una vez, muchos años después, mi esposo me pidió que le diera un masaje de pies, después de un largo día de trabajo. Su petición me volvió loca de enojo.

—¡No me pidas nunca que te dé un masaje de pies! —le grité, perdiendo control por el chorro de recuerdos que me inundaban la mente. —¡No te daré nunca un masaje de pies!

La mera idea de darle a alguien un masaje de pies despertó recuerdos de todas las ocasiones en mi vida cuando me obligaron a hacer algo contra mi voluntad, y no quería darle un masaje de pies a *nadie*, ni siquiera a mi querido esposo. Afortunadamente, después de que Dios me sanó, ya no me molestaba más la idea, pero antes me irritaba mucho.

Cuando estaba en la escuela primaria, Joe llegó a controlarme mental y físicamente hasta el punto de que yo ni siquiera trataba de evitarlo. Toda la familia decía en broma que yo era la preferida de Joe. No tenían ni idea. Si alguien en la familia sospechaba lo que pasaba, no dijeron nada, y no les parecía raro que Joe y yo hiciéramos excursiones juntos. Ese día fue igual.

Me puse mi traje de baño rápidamente, salí de la casa y me subí a su carro. Hacía calor, y el ruido del motor de su Nova anaranjada interrumpía la tranquilidad del camino solitario. El lago estaba a unos diez minutos de la casa móvil. Como siempre, la música retumbaba en el interior del carro. Joe tenía una voz muy buena y parecía saberse todas las canciones en la radio. Traté de acompañarlo, disfrutando las melodías alegres, que eran tan diferentes de nuestros tristes himnos tradicionales.

Me encantaba nadar. En nuestra granja, nadar era un privilegio especial cuando acabábamos temprano nuestro trabajo. Cuando Joe y yo llegamos al lago, salté al agua y la frescura refrescante me pareció deliciosa contra mi piel; me lavó el sudor que se me había acumulado durante el viaje en el carro sin aire acondicionado. El agua estaba muy clara: pasando del agua profunda hasta la orilla del lago, podía ver peces chicos que circulaban alrededor de mis piernas.

Entonces, fue como escuchar una alarma dentro de mí y alcé la vista repentinamente y vi a Joe: estaba pasando por el agua con rapidez y me miraba intensamente. Me quitó el traje de baño y me arrastró hasta el agua más profunda; continuó a pesar de mis alaridos.

—¡Me duele! ¡Déjame, por favor! —grité, luchando para escaparme.

Cuando se acabó el acto, de repente Joe pareció darse cuenta de lo que había hecho. Aunque me había manoseado durante años, nunca me había violado.

—¡Ay, Dios! —balbuceó, con una expresión de confusión y miedo.

Con un movimiento brusco, me alzó y me echó al agua profunda, como se desecha una lata de soda. Luego pasó hasta el borde del lago y subió con dificultad hasta la cima de la loma donde había dejado el carro. Pero no fue el fin de mi historia. No lo sabía en aquel entonces, pero Dios tenía un plan para mi vida. La experiencia que me provocó tantas lágrimas y me dejó quebrada interiormente —la que podía haberme destruido— fue precisamente lo que usó Dios como evidencia de que, aunque las personas han sufrido incidentes devastadores, Dios las puede restaurar.

Lo que sucedió después fue nada menos que un milagro.

La conmoción del ataque y de ser tirada al agua me dejó aturdida. Pero en vez de hundirme en el agua, me encontré flotando boca arriba, aparentemente sostenida sobre la superficie del agua. Vi una figura que se me acercaba caminando sobre el lago. Sabía que era Jesús. Con mucha ternura, me levantó en sus brazos y me llevó a la orilla. Me colocó en el suelo muy cuidadosamente, y puso su dedo en mis labios para calmar el torrente de sollozos que sacudían mi cuerpo entero.

—Tranquila…vas a estar bien —me susurró.

No tengo idea de cuánto tiempo estuvo conmigo, y no recuerdo haberme vestido. La próxima cosa que recuerdo es subir hasta la cima de la loma, donde Joe estaba sentado en el carro.

—¿Quieres tener el volante mientras volvemos a casa? —preguntó, como si no hubiera pasado nada; él esperaba que esta concesión borrara lo que había pasado entre los dos y que así pudiera evitar meterse en líos. Esta vez, hasta me permitió cambiar de velocidades, pero estaba tan turbada que por error cambié a la primera velocidad, cuando tenía que cambiar a la tercera. Por eso, la transmisión hizo un ruido terrible; eso típicamente le enfurecía a Joe, pero esta vez no.

—Está bien, Jenny —dijo, y colocó su mano grande encima de la mía para mover la palanca de cambios a la posición correcta. Odiaba esas manos grandes porque me habían hecho tanto daño, pero me sentí indefensa, así que sonreí como si no pasara nada. En vez de volver a la casa móvil, Joe me llevó a nuestra granja e inmediatamente se fue a toda velocidad. Durante los próximos días, logré evitar su casa. Claro que no le hablé a nadie de la realidad terrible del incidente; una vergüenza profunda me agobiaba y tenía miedo de lo que pasaría si se lo decía a alguien.

No recuerdo exactamente cuánto tiempo pasó antes de ver a Joe otra vez, pero recuerdo la náusea que sentí en el estómago cuando oí el ruido fuerte de su motor, y me di cuenta de que venía llegando.

El resto de la familia salió a recibirlo, pero yo corrí al baño, debilitada por la náusea. Agarrándome de la porcelana del inodoro, vomité repetidas veces entre los sollozos. No sé si alguien me escuchó, pero nadie vino a socorrerme. Estaba sola con mi secreto terrible.

Por un tiempo, Joe tenía miedo de que alguien descubriera lo que me hizo; sin embargo, luego volvió a la rutina familiar. No podía dejarme en paz. Y yo no podía escaparme de él…hasta llegar a la edad de descubrir formas de evitarlo.

Para los dieciséis años, ya había crecido tanto mental como físicamente. Ya no era niña: era alta y delgada, tenía más amigos, y me invitaban a participar en actividades con otra gente, lo cual me ofrecía la oportunidad perfecta para alejarme de la casa de mi hermana…y de Joe. En otras ocasiones, me quedaba en mi habitación y estudiaba durante horas, porque había descubierto que estudiando podía evitar que él siguiera abusándome. Lo que no sabía era que, en aquel entonces, fuera adonde fuera e hiciera lo que hiciera, llevaba conmigo una gran carga emocional. El dolor y el rechazo afectaban profundamente todas las áreas de mi personalidad. Creí que mis cicatrices estaban bien escondidas, pero cualquier persona atenta y observadora podía verlas fácilmente.

Afortunadamente, alguien reconoció mi situación, pero esa persona no me encontró hasta después de que se terminó una relación muy importante, dejándome al borde del suicidio.

Capítulo 9

PRIMER AMOR

Para mí, la escuela secundaria fue una aventura nueva y maravillosa. En vez de ser el patito feo, de repente era popular...especialmente con los chicos. Durante el verano entre el noveno grado y el décimo, como mariposa, salí del capullo de la adolescencia incómoda; el cuerpo se desarrolló mucho más que mi madurez. Pronto aprendí a vestirme y arreglarme el pelo para llamar la atención de los muchachos.

Desafortunadamente, buscaba atención de los chicos (aunque no de Joe, por supuesto). Por dentro, todavía me sentía como una niñita que quería ser amada. Pero la necesidad desesperada de amor y aprobación me hicieron propensa a sufrir abuso en todas mis relaciones amorosas.

Afortunadamente, durante ese tiempo también me concentré en las clases. Aunque no era fácil sacar buenas notas, estudié de muy buena gana, esperando que la educación me brindara una vida nueva, lejos del abuso y del sistema religioso restrictivo de mis padres. Consideraban que mis hermanos, Scott y Kathy, eran los más inteligentes de la familia. Tuvieron mucho éxito en la escuela y se habían graduado con honores. Y aunque los líderes de la iglesia no dieron su aprobación, ellos estudiaron al nivel universitario. Estaba decidida a seguir sus pasos.

Hasta esa época, había sido una estudiante mediocre y me era difícil enfocarme, como es típico de los niños que han sido víctimas del abuso. Sin embargo, aunque no tenía mucho talento natural, tenía mucha determinación, y trabajaba durante horas para completar tareas difíciles. Con las tareas que me resultaban demasiado difíciles, pedí que mis compañeros de clase me ayudaran.

En muy poco tiempo, descubrí que las buenas notas me traían la afirmación de mis padres y la aceptación que anhelaba tanto. Para mi penúltimo año de la secundaria, empezaba a ver el fruto de mi diligencia: me eligieron presidenta de la asociación estudiantil y me invitaron a hacerme miembro de la Sociedad de Honores. Estaba muy contenta de que reconocieran mi trabajo duro y nunca antes me había sentido tan valorada y respetada. Estaba muy emocionada por la ceremonia de inscripción, y pedí que mis padres asistieran.

—Cariño, no podemos —me dijo mamá el día antes de la ceremonia—. Tu padre y yo tenemos que trabajar.

Aunque estaba decepcionada, no me sorprendió. Ya conocía muy bien la situación de mi familia: había aprendido desde una edad muy joven que Scott era el preferido de mamá y Kathy era la preferida de papá. Desafortunadamente, yo era la preferida de Joe.

Es importante entender que el abuso tiene un efecto duradero. El Dr. Dan Allender dice en su libro *The Wounded Heart: Hope for Adult Victims of Childhood Sexual Abuse* (*El corazón herido: Esperanza para adultos que sufrieron abuso sexual en la niñez*):

> Revisé los casos de todos mis pacientes durante un año entero, buscando una conexión entre el abuso sexual y los factores que motivaron a los pacientes a buscar terapia. Lo que descubrí me dejó atónito. Trabajé con treinta mujeres y quince hombres durante ese año. Veintiséis de las treinta mujeres y ocho de los quince hombres habían sido abusados sexualmente en la niñez. Pero ni uno de ellos vino a verme

por la cuestión del abuso sexual, ni tampoco se preguntaban si el abuso del pasado tenía algún efecto en su situación actual.[1]

Puesto que el abuso de los niños ha aumentado radicalmente en todas partes de la sociedad, es natural que el ciclo del abuso siga repitiéndose. Cuando un niño tiene su primera experiencia sexual demasiado temprano y las semillas de la perversión se siembran, *habrá* una cosecha. El abuso sexual típicamente produce comportamientos como la promiscuidad, y a veces la homosexualidad si el niño fue abusado por un adulto del mismo sexo. En muchos casos, la víctima se convierte en abusador. Nuestras cárceles están llenas de personas que pueden confirmar esta triste verdad.

En mi caso, el abuso había despertado un interés en la sexualidad, y anhelaba sentirme aceptada y amada. Cuando era niña, la atracción que Joe sentía por mí me causó muchísimo dolor y vergüenza; pero en la secundaria empecé a ver la belleza como una herramienta que yo podía usar para recibir la afirmación que deseaba. Pasando por los pasillos de la escuela secundaria, me daba gusto notar que los chicos se fijaban en mí. Medía cinco pies con siete pulgadas, usaba la talla seis, y tenía el pelo rubio y rizado; estaba resuelta a divertirme. Por fin, sentía que tenía control sobre mi vida y mi sexualidad. En el penúltimo año de la secundaria, cuando uno de los chicos más guapos y más populares de la escuela quería salir conmigo, por fin me sentía especial.

---

1 Dr. Dan Allender, *The Wounded Heart: Hope for Adult Victims of Childhood Sexual Abuse* (*El corazón herido: Esperanza para adultos que sufrieron abuso sexual en la niñez*), (Nav Press, 1990, con ediciones revisadas 1995, 2008) 148. Usado con permiso de NavPress, todos los derechos reservados. www.navpress.com (1-800-366-7788).

—Oye, Linda, espérate —gritó Jake, corriendo para alcanzar a la mejor amiga de mi hermana Kathy.

Jake estaba en el último año de la escuela y era el capitán de nuestro equipo de fútbol americano. Nuestra escuela era pequeña, pero el fútbol americano era súper popular, así que el capitán del equipo lo era también. No era bajo como Tom Cruise, ya que medía seis pies y una pulgada, pero en lo demás Jake se parecía al actor famoso por su pelo y ojos oscuros, su aire y su sonrisa maravillosa. Todos decían que Jake era guapísimo.

—¿Qué pasa? —respondió Linda, cuando Jake había recobrado el aliento.

—Oye, ¿qué sabes de Jenny Thompson? —le preguntó—. Ella es muy bonita.

Jake era amigo tanto de Linda como de mi hermana Kathy. Por una crisis familiar, hacía unos meses que Linda vivía con nuestra familia, esperando que la situación en su casa se calmara. Era una muchacha muy amable y se llevaba bien con todos nosotros.

—Voy a decirle que dijiste eso —respondió Linda, bromeando. Jake siguió preguntando por mí…y Linda sí me dejó saber lo que Jake había comentado.

—¿Qué dijo él? —pregunté, incrédula, cuando Linda me lo contó.

—Le gustas, Jennifer —comentó Linda con franqueza. Eran chismes típicos de la escuela secundaria, pero yo estaba contentísima.

Por lo general, Jake pasaba tiempo con las chicas más populares, y en realidad yo solo lo veía a veces en el pasillo entre clases. El próximo día, sin embargo, me topé con él en la cafetería de la escuela. Él tenía mucha confianza y aprovechó la oportunidad para charlar conmigo. Nos caímos bien desde el primer momento. Me sentí como Cenicienta después de conocer a su príncipe; y de hecho, Jake fue mi primer amor.

A lo largo de su último año en la secundaria, todos sabían de nuestra relación y salíamos de vez en cuando durante los próximos tres años. A lo mejor fue por mi experiencia en la iglesia que nuestra relación fue pura...por lo menos al principio. Luego, una noche descubrí lo que realmente pensaban mis padres de mí. Era tarde y yo pasaba por el pasillo, rumbo a mi habitación. Scott y Kathy ya se habían acostado y la casa estaba silenciosa, aparte de las voces de mis padres, que estaban sentados en la sala al lado de la puerta principal. Durante toda mi vida, papá había trabajado en la granja durante el día y luego trabajaba el turno de la tarde en la fábrica de calderas en un pueblo cercano. Cada día al regresar del trabajo, se relajaba mirando el programa de Johnny Carson en la televisión. A veces, como lo hizo esa noche, mamá lo miraba con él. Durante los anuncios comerciales, charlaban sobre el día.

No debería de haberlo hecho, pero aquella noche, en vez de acostarme, me senté y me apoyé en la pared para escuchar su conversación sobre mis hermanos y yo. Aunque hablaban en voz baja, se podía escuchar claramente la voz profunda de mi padre.

—Estoy tan orgulloso de Kathy —comentó papá—. Es tan fiel en la iglesia y nunca hemos tenido ningún tipo de problema con ella.

Me imaginaba a mamá, asintiendo con la cabeza. Yo siempre creía que Kathy era la preferida de papá. Era muy hermosa y papá se refería a menudo a su hija bonita, que tenía pelo oscuro y rizado. Como yo era rubia, era obvio que no se refería a mí. Aunque su comentario sobre Kathy no era sorprendente, lo que dijo después sí lo fue.

—Jenny no es así. ¿Sabes qué, Debby? Ella va a salir exactamente como Sue, saliendo con ese jugador de fútbol americano. A lo mejor tendrán que casarse.

Me avergoncé oyendo esas palabras que no debería haber oído. En la iglesia, la situación de Sue siempre les había dado vergüenza a mis padres, y ahora comprendí que papá temía que yo hiciera lo mismo.

Jake y yo llevábamos varios meses saliendo, y hasta entonces nunca me había acostado con él. En realidad, nunca había tenido un novio antes, así que muchas personas en la escuela pensaban que me dedicaba demasiado a la iglesia. Pero eso iba a cambiar. La próxima noche, tan pronto como me subí a su carro, yo sabía que había cambiado de perspectiva. Esa noche, cuando Jake empezó a besarme, decidí cumplir las expectativas de mi padre. Aunque ya había perdido mi virginidad cuando Joe me violó, en mi mente estaba otorgándole a Jake lo que habría sido mi virginidad. Si mi papá creía que ya dormíamos juntos, entonces, ¿por qué no de una vez? Como realmente lo amaba y él me amaba a mí, pensé que ese acto confirmaría nuestra relación y nuestro futuro juntos. Claro, como siempre ocurre con el sexo prematrimonial, creó un lazo espiritual que más tarde nos causaría mucho dolor a ambos.

Cuando éramos pareja, me encantaba ir a los partidos de fútbol americano los viernes por la noche. Eran los eventos más grandes en nuestro pueblo, y los jugadores eran nuestros héroes. Cuando el equipo entraba en el campo, yo aplaudía y gritaba con toda la otra gente en el estadio, buscando a Jake. A veces, dudaba que todo eso me estuviera pasando en realidad.

Jake era un atleta increíble; si nuestra escuela hubiera sido más grande, quizás habría recibido una beca para jugar al fútbol americano. Sin embargo, su mayor deseo era pilotar un avión de caza en la Fuerza Aérea. Después de graduarse, esperaba asistir a la UNC (Universidad de Carolina del Norte, en Chapel Hill, que estaba cerca de nuestro pueblo), para realizar ese sueño. Yo también esperaba que él asistiera a la UNC, porque entonces él podría volver a casa los fines de semana. Los dos teníamos planes para el futuro, y yo estaba segura de que estaríamos juntos.

Durante su último semestre en la escuela secundaria, parecía que cada día otro compañero de Jake recibía una carta de admisión o noticias de una beca. Pero hasta entonces, él no había recibido nada. Yo observaba que él se sentía cada vez más tenso, esperando oír algo. Pero por fin llegó su día.

Un día, antes de la escuela, mientras yo charlaba con amigas en el pasillo, me agarró de atrás y me dio un abrazo fuerte. Sonriendo ampliamente, me levantó en sus brazos y dio un giro, y luego me dio la noticia.

—¡Me dieron una beca completa para la UNC! —exclamó, abrazándome. Fue un momento especial, pero también me dio miedo. Lo abracé fuertemente, como si la fuerza del abrazo pudiera asegurar que nada iba a separarnos. Me atormentaba el miedo de que Jake encontrara otra novia en la universidad. Mi posesividad excesiva ya había causado estrés en nuestra relación, pero me negué a cambiar. Desde aquel momento en adelante, tenía un deseo ardiente de asistir a UNC también después de graduarme el próximo año.

En las últimas semanas antes de la graduación, nuestra relación continuó. Era como un sueño hecho realidad. La casa de Jake estaba muy cerca de la playa, y pasamos horas allí nadando, dando paseos y hablando del futuro. Como era un atleta fuerte, Jake también sabía surfear, y me encantaba ver su cuerpo musculoso y bronceado cuando pasaba tan rápido sobre las olas.

Yo sabía que nuestra relación era especial, pero no podía controlar el miedo de que Jake conociera a una chica más bonita en UNC. Un día, sentados en la playa, mirando las olas, le expresé esa preocupación. Con ternura, tomó mi cara entre sus manos y me miró con esos ojos morenos que yo nunca podía resistir.

—Jen, nunca he amado a nadie como te amo a ti. ¡No te preocupes para nada, mi vida! —Pero todavía no podía evitar la idea de que algo tan especial no podía durar.

En ese tiempo, Jake trabajaba el turno nocturno para una emisora de radio local, y yo trabajaba para su padre en un supermercado. Una tarde me llamó para preguntar si yo podía pasar por la emisora después de salir del trabajo. Inmediatamente le llamé a mamá.

—¿Puedo ir? —le pedí.

Después de una pausa y un suspiro, me dio permiso.

—No vuelvas a casa demasiado tarde —dijo, mientras yo colgaba el teléfono. Típicamente, mamá habría protestado más. Recuerdo que pensé, «Caramba, parece que ha tenido un buen día». Nunca le gustaba que pasáramos por esos caminos rurales en la noche, porque eran tan oscuros, así que le prometí que no pasaría mucho tiempo en la emisora.

Justo después de terminar mi turno, salí lo más rápido posible para ir a verlo. Me subí a mi Nova azul, que antes había sido de Scott y Kathy, y que ahora era mío. Me encantaba aquel carro antiguo, pero me parecía que no corría lo suficientemente rápido esa noche, porque tenía tanta prisa por llegar a la emisora. Rara vez me dejaban visitar a Jake en la emisora y estaba muy emocionada cuando llegué.

Cuando Jake me recibió en la recepción, había poca luz y las oficinas estaban en silencio. Él había preparado un plan elaborado, y les había pedido permiso a mis padres para darme un anillo. También había programado la música para la emisora, así que él no tenía que hacer nada durante los próximos treinta minutos. No recuerdo casi nada sobre aquella área de recepción. Lo único que vi fue a Jake, mientras me derretía por sus profundos ojos morenos.

Me tomó de la mano y me guio a una de las sillas.

—Jennifer, te amo de veras. Quiero que sepas que cuando me vaya a UNC, seré tuyo solamente —dijo, y me entregó una cajita gris. Me quedé sin aliento, mirando la cajita, sabiendo que podía contener una sola cosa.

Me temblaban las manos mientras la abría. Saqué un anillo de oro sencillo, que llevaba cinco diamantes pequeños.

—Por favor, acepta este anillo. Cada vez que lo mires, recuerda que significa que te voy a amar para siempre —concluyó, y me besó.

Sentí lágrimas en mis mejillas mientras le miré a los ojos y lo abracé fuertemente. No fue precisamente un anillo de compromiso, pero sí fue una promesa de un futuro juntos. Me lo puse y me quedó perfecto. Volviendo a casa en carro esa noche, me sentía —por lo menos por un momentito— segura en su amor, y creía que todo iba a salir bien.

Capítulo 10

EMPEZANDO UNA VIDA NUEVA

Durante mi último año en la escuela secundaria, los fines de semana eran gloriosos ya que Jake casi siempre venía a verme. Los viernes y los sábados por la noche, íbamos a los partidos de fútbol americano de la escuela secundaria y caminábamos durante largas horas en la playa. El tiempo siempre pasaba demasiado rápido, y los domingos por la mañana, Jake tenía que volver a la universidad.

En los cultos dominicales cada semana, me enfocaba en Jake en vez de en el sermón. Por lo general, pasaba notas a una de mis amigas, compartiendo detalles sobre mi fin de semana romántico en vez de prestarle atención al reverendo John o a mi abuelo. En cuanto acababa el servicio, volvía a enfocarme totalmente en mis estudios. Mi meta principal era asistir a UNC en el otoño para estar con Jake.

Extrañaba nuestras conversaciones en los pasillos entre clases, y el año pasaba muy lento. Pero por fin los días largos y oscuros del invierno terminaron y la primavera empezó; el verano se acercaba. La graduación estaba cerca. Durante el último mes de nuestro último año, mis compañeros de clase y yo pasábamos por los pasillos de la escuela con un gran sentido de emoción, anhelando que llegara el día la ceremonia. Para mí, se trataba de mucho más que solo la transición de la adolescencia a la edad adulta. En mi corazón, sentí que se cerraba un capítulo doloroso de mi vida. Mi libertad se acercaba.

Una mañana, cuando solo quedaban unas cuantas semanas del año escolar, estaba en mi habitación. Abrí las cortinas rosadas y miré por la ventana, contemplando la escena detrás de nuestra casa pequeña, como había hecho millones de veces antes. Viendo el paisaje bien conocido, miré por todos lados, contemplando los campos y cada corral de los animales. Pero no era ni el ganado ni las cosechas lo que atraía mi atención. Imaginaba lo que quedaba más allá de esta escena tan familiar. Imaginaba mi futuro. Por primera vez en mi vida, esperaba el porvenir con mucho entusiasmo. Con la transición, creía que por fin podría dejar atrás los recuerdos y las relaciones abusivas que habían marcado mi niñez. Ya no tendría que tolerar el acoso sexual de Joe. Iba a cruzar el umbral imaginario que me llevaría a una vida nueva. Sonreí, pensando en las posibilidades que me esperaban. Esperaba y deseaba poder abrir por fin mis alas y librarme del control que había definido mi vida.

Dejé que la cortina cayera de nuevo a su lugar, y me di la vuelta. Iba a llegar tarde a la escuela si no me daba prisa. Corrí a la sala y agarré mis libros. Saliendo de la casa ese día, seguí pensando en el presente y el futuro, para no pensar en el pasado. En mi inocencia, creía sinceramente que dejar atrás el abuso iba a ser tan fácil como salir de la casa donde me crie. Ojalá que fuera así.

UNC es la universidad más antigua de Carolina del Norte. Con su arquitectura majestuosa y su terreno atentamente mantenido, es una institución respetada y prestigiosa. Lo consideré un gran honor ser una de los veintiún mil estudiantes. Además, Jake y yo íbamos a estar juntos de nuevo.

Por fin llegó el día de salir de casa. Fue un día difícil para mamá, pero terminamos de llevar mis cosas a mi habitación en la residencia estudiantil, y los abracé a ella y a mi padre una vez más.

—Adiós, Jenny. Te amamos; y si necesitas cualquier cosa, llámanos —dijo papá, listo para marcharse. La atmósfera había sido tensa en el carro, camino a la universidad. Mamá trataba de no llorar, y papá estaba frustrado sobre un episodio esa mañana cuando yo había atropellado un paquete de seis botellas de cerveza con el carro.

Después de que nos despedimos y ellos salieron hacia el estacionamiento, mamá se dio la vuelta para mirarme otra vez. Era como una madre que deja a su niño en la escuela para su primer día de kínder. Viéndolos irse en carro, sentí compasión por ella.

Durante meses, había anhelado que llegara ese día, pero ahora que mis padres se habían ido, sentí que la depresión conocida empezó a invadir mis pensamientos. Yo solo era una campesina que ahora me encontraba en una gran universidad metropolitana. ¿Qué hacía aquí? Me consolé pensando, «Por lo menos Jake está aquí».

Yo solo *pensaba* que me dirigía hacia un futuro seguro con Jake. Pero como es el caso con la mayoría de los cuentos de hadas, el mío se esfumó. Nuestra relación, con su fundamento de inmadurez, no pudo sostener el peso de mis expectativas imposibles. Unas semanas después del principio del semestre, empecé a manifestar mi inseguridad y mi posesividad. Y aunque mi deseo constante de ser afirmada habría bastado para asfixiar cualquier relación, la situación se complicó cuando descubrí que yo no era el único amor de Jake. Él había descubierto un interés nuevo y emocionante: la cocaína.

—¿Qué haces? —le pregunté con insistencia, cuando me fijé en que pasaba cada vez más tiempo con los consumidores de drogas de su fraternidad.

—Cariño, unas cuantas drogas sociales no son para tanto —respondió, echando a un lado mi preocupación.

Me sentí profundamente decepcionada. Fue como si alguien me hubiera extraído toda la energía, y me sentía muy débil. No podía creer que esto nos pasara a nosotros. La influencia de amigos y el ambiente de fiesta que eran comunes en muchas universidades le impactaron fuertemente, y Jake se dedicó a un hábito que yo detestaba.

Durante los años que Joe me abusaba sexualmente, estaba adicto a más que solo la pedofilia. Finalmente empezó a usar drogas adictivas. Odiaba a Joe y odiaba las drogas que usaba, que parecían quitar sus inhibiciones. Aunque yo tomaba, juré que nunca usaría drogas ni me casaría con un consumidor. Pero ahora se trataba de Jake, y a pesar de mi decisión anterior, vacilé ante la idea de perderlo.

Aunque odiaba lo que él hacía, todavía lo adoraba. Estaba convencida de que podía ser su «salvadora», y ayudarle a superar su nuevo hábito. Pero Jake no quería que le ayudara y se enojaba cuando yo adoptaba el papel de madre.

Una tarde, crucé el campus para ir a la fraternidad universitaria donde Jake vivía. Hacía frío y mantenía mi chaqueta cerrada con las manos durante los veinte minutos que duraba el viaje. Me sentía aliviada por haber terminado mis clases por el día, y aunque tenía que estudiar más, quería verlo.

Toqué la puerta repetidas veces, pero nadie respondió. «La idea de sorprenderle fue tonta», pensé; me sentía necia. «Debería haberle llamado primero».

Estaba a punto de irme cuando escuché su voz que venía de otro cuarto. Pero aun antes de llegar a la puerta, oí el sonido de la música de los Grateful Dead junto con risas. Toqué una vez, y de nuevo con más fuerza.

—Adelante —respondió una voz que yo no reconocía.

Al abrir la puerta, me asaltaron el olor áspero de la marihuana junto con el olor de otras drogas. Me quedé inmóvil un momento hasta que los ojos se adaptaron al cuarto oscuro, y por fin vi a Jake entre los otros miembros del grupo.

—Jake, tengo que hablarte —dije, tratando de mantener la calma.

—Ahora vengo, muchachos —respondió Jake, mirándome con desprecio.

Miré a los ojos vidriosos del hombre que amaba y me sentí mareada. Fue como si mirara a un desconocido.

—¿Qué haces aquí, Jennifer? —me preguntó abruptamente cuando los dos estábamos en el pasillo. En mi inocencia, había pensado que Jake dejaría a sus amigos para salir conmigo, pero me di cuenta de que solo quería volver al cuarto por otra fumada. Me sentí devastada.

—Por favor, deja de pasar tiempo con esos marihuaneros extraños —le pedí, esperando crear una conexión con el Jake que había conocido antes. De repente se enojó y me empujó contra la pared.

—Jennifer, estoy harto de tus sermones y no dejaré de ir a fiestas solo porque intentas imponerme tus reglas —gritó, hablando con dificultad. Empezó a darse la vuelta para volver a sus amigos y le agarré del brazo.

—¡Por favor, no te vayas! —imploré.

—¡Estoy hasta las narices contigo y con tu comportamiento sofocante! Se acabó, Jen. Solo déjame en paz —gritó, y terminó con un chorro de palabrotas.

Me empujó aún más fuertemente contra la pared, me dio la espalda y volvió al cuarto oscuro sin mirarme. Me deslicé hacia el suelo y lloré allí durante una hora, pensando que seguramente volvería para ver si yo estaba bien, pero no lo hizo. Cuando por fin me levanté para irme, estaba muy mal. El maquillaje me corría por las mejillas, estaba destruida emocionalmente, y me sentía totalmente sola en esa universidad inmensa. Estaba desolada ante el fin de nuestra relación. El rechazo de Jake despertó todos los sentimientos de mi niñez, cuando, por el abuso que sufría, me sentía fea y sin ningún valor. Mi estado de ánimo empezó a empeorar. Durante las próximas semanas, comí muy poco y falté a la mayoría de mis clases. Anhelaba perderme en el sueño para olvidarme de todo, pero era difícil dormirme. Cuando sí dormía, típicamente soñaba con imágenes desagradables del pasado y cuando me despertaba, estaba nerviosa.

Usaba ropa de talla seis cuando llegué a la universidad, pero después de romperme con Jake bajé de peso drásticamente; también sacaba notas muy malas. Estaba a punto de ser expulsada de la universidad. En mi habitación de la residencia, saqué la Biblia polvorienta del estante en busca de alguna esperanza, pero las palabras me parecían vacías. Había pasado toda mi vida en nuestro sistema religioso, pero lo único que tenía era una lista de reglas que tenía que seguir. Nunca había aprendido a aplicar las promesas de la Biblia a mi propia vida. Por eso, las palabras no hicieron nada para consolarme. Cerrando el libro, lo devolví a su lugar; no me di cuenta de que había abandonado la única herramienta que en realidad podía traerme esperanza.

Volví a leer mis notas del semestre de la primavera. No creía lo que veía. Había reprobado la mayoría de mis cursos. Para continuar asistiendo a la universidad, tendría que tomar cursos de verano para mejorar mi promedio de notas. Después de revisar los cursos que se ofrecían, decidí finalmente tomar una clase de drama, creyendo que sería fácil sacar una nota alta. Pero la depresión asociada con la relación fracasada era tan fuerte como el aire húmedo y pesado antes de una tormenta. El primer día de clase, me levanté de mala gana, apenas llegando a mi asiento en el aula antes que el profesor empezara la clase.

Mientras él daba su introducción al curso, eché una mirada a mi «cárcel» de verano. El aula estaba en el sótano y sus paredes tristes y feas reflejaban mi estado de ánimo. Escuchaba sin entusiasmo mientras el profesor describía las habilidades esenciales para ser un buen actor, pero se me ocurrió que a causa del abuso que había sufrido, ya venía usando esos talentos toda mi vida. Para protegerme, ya había aprendido a «prender» y «apagar» mis emociones en un abrir y cerrar de ojos. Y podía adaptarme fácilmente a cualquier situación que se presentaba. En ese momento, sabía que iba a salir bien en esa clase.

El profesor seguía hablando de forma monótona y yo trataba de acomodarme en la silla de plástico duro. Estaba totalmente inconsciente de mis compañeros de clase, ensimismada, pensando en mis heridas emocionales. Mi semblante anunciaba «¡Problemas Emocionales!» como si fuera una gran cartelera. Afortunadamente, alguien sí se fijó.

Vickie era una linda estudiante africano-americana: se vestía bien, el pelo le llegaba hasta los hombros y tenía una sonrisa brillante. Llena de energía y felicidad, cruzó el cuarto para presentarse, con entusiasmo sincero.

—Hola —dijo, y me dio un pequeño saludo con la mano—. Soy Vickie.

Me quedé mirando a esta chica hermosa, e inmediatamente me di cuenta de mi apariencia desarreglada. La noche antes, había intentado volver a establecer mi relación con Jake: fui a su residencia, pero la conversación salió casi igual a la noche que rompimos. Jake no mostró ninguna emoción y se mantuvo firme; me quedé llorando de nuevo. Volví corriendo a mi habitación y lloré hasta que me dormí, sin cambiarme la ropa ni lavarme la cara. Ahora, frente a Vickie, todavía llevaba la misma ropa arrugada y ni siquiera me había peinado esa mañana. De alguna forma, Vickie vio mi corazón herido.

Justo después de presentarse, Vickie empezó a hablar de un grupo de estudio bíblico al que asistía con algunos otros estudiantes de la universidad. Aunque me atraían su amabilidad y su sonrisa alegre, al instante me sentí recelosa.

«Otra vez no», murmuré dentro de mí.

Me habían impuesto la religión durante toda la vida y en la universidad por fin tenía la oportunidad de liberarme de sus restricciones. Miraba fijamente a Vickie mientras me animaba a asistir al estudio bíblico. Tenía que reconocer que ella no se parecía a la gente de mi iglesia, ni tampoco se comportaba como ellos.

—No quiero entremeterme, pero te ves muy triste —dijo, mirando directamente a mis ojos. Por un lado, me atraía su bondad y por otro quería escaparme. Me era difícil confiar en otras personas.

Antes de irse, me invitó al estudio bíblico. Vacilé un momento, considerando la invitación. En realidad, no había ningún otro lugar al que pudiera recurrir.

—Bueno, voy a ir —dije, y escribí mi número telefónico en un papelito.

Ahora, pasando por la vereda de regreso a mi habitación, dudaba de mi decisión. Mis emociones estaban en conflicto y luchaba por decidir qué hacer. Aunque tenía miedo de ir, estaba desesperada por recibir ayuda y anhelaba el gozo que Vickie parecía tener. Durante todo el camino desde la clase a mi apartamento consideraba los pros y los contras. Cuando llegué a la residencia, me quedé esperando la llamada de Vicky. Ese rato descubrí que la idea de ir al estudio bíblico me interesaba más de lo que pensaba. Pero antes de llamarme, Vickie tuvo que hacer otra llamada:

—Señora Belon, conocí a una chica blanca que tiene muchos problemas —comentó Vickie a la líder del estudio bíblico, quien era un tipo de madre espiritual para ella—. ¿Puedo traerla al estudio bíblico esta noche?

Velma y su esposo Roy Belon tenían casi cuarenta años y vivían a cinco minutos del campus de UNC. Los dos trabajaban a tiempo completo como negociantes en puestos prestigiosos, pero creían que su misión verdadera era servir a los estudiantes universitarios que necesitaban a Cristo. Hacía dos años que ellos invitaban a cualquier estudiante a asistir a su estudio bíblico semanal. Pero su compromiso a servir incluía mucho más que una sola reunión, una vez a la semana. Dentro de poco, aprendí que su puerta estaba abierta a quien sea, en cualquier momento que necesitaba su ayuda.

—Tráela, mi hija. Porque para Dios, no hay favoritismos— respondió Velma al instante. Aunque el grupo solo se reunía una vez a la semana, iban a reunirse esa misma tarde. Vickie me llamó y decidimos reunirnos esa tarde en su residencia. Durante el viaje corto a la casa de los Belon, me sentía entusiasmada y nerviosa a la vez. Pronto, yo sería el mayor reto que ellos jamás habían enfrentado.

Capítulo 11

LA FAMILIA NEGRA
QUE ADOPTÓ A ESTA
NIÑA BLANCA

Llegamos a una hermosa casa de ladrillo claro, que se ubicaba en la cima de una loma de donde se podía ver una zona boscosa de Chapel Hill. Cuando me bajé del carro, vi que ya había otros carros estacionados cerca de la casa.

Justo después de que entramos en la casa, la Sra. Belon me recibió. Había llegado a ser como una madre para la mayoría de los jóvenes del grupo. Con una sonrisa amable, me dio un abrazo fuerte.

—Estoy contenta de que hayas venido. Vas a estar bien —dijo, con una mirada que parecía indicar que ya sabía algo de mi situación.

Fue una declaración verdaderamente profética. Pero en aquel momento la idea me parecía imposible.

Cuando todos llegaron, nos juntamos en la sala y nos sentamos en sillones o en sofás. El ambiente era muy acogedor. Me senté en un sofá cómodo de cuero marrón frente a la chimenea y escuché a los demás cantar. Cinco otros estudiantes estaban sentados más o menos en un círculo. Todos ellos eran africano-americanos, incluidos los Belon. Me crie en una iglesia y una comunidad de puros angloamericanos, así que nunca antes había estado en ese tipo de ambiente, pero me dieron la bienvenida y me sentía como en casa. Los sermones, la Biblia y una lista de reglas religiosas eran elementos esenciales de mi vida anterior, pero lo que encontré esa noche fue algo totalmente distinto de lo que experimenté en las iglesias de mi niñez. Lo que encontré fue el amor. La voz suave y firme de Roy Belon contrastó notablemente con los sermones que se predicaban a gritos en la iglesia de nuestra familia. Su mensaje fue breve, pero permitió mucha conversación entre el grupo —él, Velma y los estudiantes hablaban del significado de la Biblia y cómo aplicarla en nuestra vida personal. Yo solo observé el diálogo, fascinada por sus palabras. Hasta entonces, la única «aplicación» de la Biblia que yo había escuchado era siempre lo que no se podía hacer —nunca lo que sí se podía hacer, ni lo que Dios quería hacer por mí.

Al final de la conversación, los Belon oraron individualmente por cada uno de nosotros. Aunque nunca me habían conocido antes, su oración incluyó cada área herida de mi vida. Me quedé mirándolos, estupefacta. Al instante me quedé fascinada.

Por los próximos nueve meses, asistí fielmente al estudio bíblico, y se desarrolló un lazo estrecho entre los Belon y yo. Tenía muchas necesidades emocionales, y ellos llegaron a ser mis consejeros, mis compañeros de oración y mis amigos —en fin, como si fueran ellos mis padres.

Que yo recuerde, fueron las primeras personas en no juzgar mi ropa, ni mi maquillaje, ni mis acciones. Simplemente me aceptaron, aun en mi mal estado. Y ellos conocían a un Dios que yo no conocía para nada. Lo que me asombró más fue que estos dos líderes cristianos ¡tuvieran un televisor en su sala! Dadas las reglas confusas a las que me había acostumbrado, todo esto me parecía difícil de comprender.

Cuando Roy y Velma enseñaban la Biblia, yo sentía un amor y un poder increíbles. Sus palabras me persuadían, pero también me confundían. Todo parecía demasiado sencillo.

—Jesús los ama a Uds. Uds. pueden invitarle a que entre en sus corazones —decían siempre al final de cada reunión. No querían perder nunca la oportunidad de invitarnos a tomar esta decisión importante. Asistía cada semana y me sentía cada vez más cómoda con la invitación, pero todavía me sentía recelosa. En nuestra iglesia, la idea de ser salvo solo confesando que Jesús era Señor se consideraba una doctrina falsa. Sin embargo, la paz que sentía en estas reuniones en su casa era innegable. Más tarde, empecé a quedarme en la casa después de las reuniones para ayudarle a Velma a limpiar la cocina. Ella creía simplemente que estaba siendo yo amable. Pero en realidad, yo prolongaba mis visitas lo más posible porque no quería dejar atrás la paz que me llenaba el corazón siempre que me encontraba allí.

Aun después de que todos los platos estaban limpios y habíamos guardado toda lâ comida, Velma hablaba conmigo, a veces hasta muy tarde; poco a poco, empecé a compartir las heridas de mi corazón con esta dulce mujer. Aunque ella tenía que llegar temprano al trabajo el próximo día, nunca me apuraba para irme. Si yo quería hablar, ella me escuchaba y me aconsejaba.

—Cariño, llévate este pollo y este pastel de camote —me dijo una noche, cuando por fin me levanté para irme.

«Mamá» Belon siempre insistía en que me fuera con los brazos llenos de comida; quería que yo subiera de peso. Aunque no me daba cuenta, estaba al borde de la anorexia, y Velma decidió que le tocaba a ella impedir que yo cruzara esa línea. Antes de cada reunión semanal, pasaba muchas horas preparando sorpresas deliciosísimas, como los panes caseros, las berzas, y por supuesto, el pollo frito. Sin lugar a dudas, se trataba de comida casera, y me encantaba comer allí.

Con el paso del tiempo, inventaba cada vez más excusas para estar en la casa de los Belon. Siempre me recibían con los brazos abiertos. Muchas noches me quedé dormida en su sofá, sabiendo que estaba segura y que ellos me amaban. Odiaba volver a mí apartamento pequeño y vacío; al poco tiempo, ocurrirían allí incidentes espantosos.

Capítulo 12:

ENCUENTROS
SOBRENATURALES

Estaba sola en mi pequeño apartamento y miré el reloj que estaba encima del mostrador. Era después de la medianoche. Durante las últimas noches, me había acostumbrado a estudiar hasta muy tarde, porque quería mejorar mis notas. La UNC es una universidad exigente y yo ponía todo mi esfuerzo para no ser expulsada, especialmente en los días difíciles, justo después de romper con Jake. Desde que conocí a los Belon, me ayudaron a reorientar mi vida y enfocarme en mis estudios en vez de en mi relación fracasada con Jake.

Sacudí la cabeza y me froté los ojos, tratando de enfocarme en lo que estaba leyendo. Tenía que entregar varias tareas y necesitaba seguir trabajando, pero, vencida por el cansancio, por fin me acosté; estaba tan cansada que ni siquiera me quité la ropa antes de arrastrarme a la cama. Aunque tenía una compañera de cuarto, esa noche ella estaba en la casa de su novio. El apartamento me parecía demasiado silencioso, pero el pánico que sentía tan frecuentemente a la hora de acostarme no apareció esa noche, y me dormí casi al instante.

Después de todas las burlas de mi hermano y los años de abuso sexual, el miedo y las pesadillas eran comunes. Por lo general, cuando dormía, me despertaban los ruidos más leves. De modo subconsciente, temía que llegara un intruso. Esa noche, llegó el peor de los intrusos.

No sé cuánto tiempo llevaba dormida, pero me desperté luchando con una figura oscura y horrorosa. Me agarró los hombros con sus brazos fuertes y me sujetó fácilmente contra el colchón. No se trataba de un sueño —la figura era real.

—*¡En el nombre de Jesús, déjame!* —grité.

Con una sonrisa terriblemente malévola, el ser diabólico respondió —¡No tienes ese poder!

Aterrorizada, me caí de la cama; luchando por respirar, seguí peleando contra esta fuerza demoníaca. Por fin me escapé, corrí al teléfono y llamé a los Belon, que eran mi ancla.

—Súbete al carro, mi hija, y ven a nuestra casa —me dijo Velma. Agarré las llaves de mi carro y mi bolsa, y salí disparada del apartamento. Después de esa experiencia asombrosa, me fui a vivir con los Belon y por primera vez vi a Dios responder a la oración.

Intervención divina

Al terminar el segundo semestre de mi segundo año, gracias a mis calificaciones, ¡me encontraba en la lista de honores! Pero mi promedio general todavía era bajo, a causa de mis notas bajas del primer año y la separación con Jake. Después de la separación, estaba tan trastornada que reprobé todos mis cursos y me pusieron en un período de prueba académica. Desde entonces, había sacado notas mucho mejores, así que mi promedio general estaba mejorando, pero deseaba que ese semestre terrible se borrara de mi expediente académico.

—Servimos a un Dios que puede hacer cualquier cosa —declaró Velma. Me animó y oró conmigo para que eliminaran ese semestre.

Motivada por las oraciones de Velma, presenté mi petición a mi consejero académico.

—Eso sería muy improbable —anunció él, negando con la cabeza—. Trabaja duro, y sigue sacando buenas notas. Por el momento, no hay nada más que puedas hacer.

Pero mi consejero académico no conocía el poder de la oración. Más tarde, los Belon me explicaron que oraron frecuentemente durante esos meses, pidiendo que Dios bendijera a la nueva hija espiritual que habían adoptado, y que ese semestre malo se eliminara. Aunque el consejero académico no era muy optimista, sí me explicó los pasos que tenía que seguir para solicitar la eliminación de aquel semestre desastroso. Seguí sus instrucciones y los Belon siguieron orando. Después de entregar la solicitud al comité apropiado, pasaron varias semanas antes de que yo volviera al despacho de mi consejero académico.

—Señorita Thompson, tengo que decirle que, en todos mis años de consejero académico, nunca he conocido a un estudiante que tuviera éxito en pedir que se eliminara un semestre de su expediente…hasta ahora.

Brinqué de mi silla, sonriendo ampliamente y le di la mano para expresarle mi agradecimiento por su ayuda —luego salí corriendo y fui directamente a la casa de los Belon.

—¡Dios contestó su oración! —grité, asombrada por los resultados milagrosos.

Roy y Velma se emocionaron, pero no tanto como yo. Ellos estaban acostumbrados a que Dios contestara sus oraciones, pero para mí, fue una experiencia totalmente nueva.

Fuera de clase, pasé la mayoría de mi tiempo con ellos. Hay que reconocer su bondad: si se cansaron alguna vez de mis visitas, no lo manifestaron nunca. Al contrario, me trataron como si fuera su propia hija. Muchas noches, asistimos a servicios especiales de avivamiento en varias iglesias pequeñas africanoamericanas de esa área. Cuando empezaban a tocar el órgano y los tambores en su estilo único de adoración, sentía que la paz de Dios me llenaba y podía alabarle como nunca antes.

Recibí el mensaje del Evangelio en grandes dosis concentradas durante ese tiempo breve, y me sentó bien. No lo sabía en aquellos momentos, pero pronto volvería a encontrarme en el foso de los leones.

Capítulo 13:

MISS SIMPATÍA: UN IMÁN PARA EL ABUSO

—Papá perdió su trabajo —me avisó Kathy con su voz temblorosa.

Era 1985 y mi hermano, mi hermana Kathy, y yo asistíamos todos a la universidad en el estado de Carolina del Norte. Ellos asistían a la Universidad de Wake Forest y yo estaba en Chapel Hill. Mis padres estaban orgullosos de que los tres asistiéramos a la universidad, pero la obligación financiera era enorme. Mi hermana y yo habíamos recibido becas que ayudaban un poco, pero mis padres pagaban el resto.

Fue hacia finales de mi segundo año en la UNC cuando Kathy llamó con esta noticia preocupante.

Le quedaban a papá seis semanas para jubilarse de la fábrica de calderas cuando le informaron de que iban a cerrar la fábrica y despedirlo. Algunos trabajadores recibieron trabajos en otra fábrica, pero papá no fue uno de ellos. Cuando lo despidieron, se merecía seis semanas de vacaciones pagadas, pero la empresa se negó a reconocerlas; también le quitaron su pensión, lo cual destruyó su futura estabilidad financiera.

El impacto de las palabras de mi hermana me asombró y entendí perfectamente bien la situación. Scott tenía una beca completa, así que las noticias no le afectarían tanto. Pero para Kathy y para mí, el impacto fue mayor. Tendríamos que abandonar la escuela.

Hice mis maletas lentamente, desconsolada por el cambio repentino de nuestra situación. Irme de la escuela fue como abandonar mi futuro. Pero dejar atrás a los Belon fue peor aún. Ellos eran mis mentores espirituales y mis amigos, que me ayudaron a seguir adelante cuando mi mundo se venía abajo. Al final del semestre, papá vino a la casa de los Belon para llevarme a casa. Lágrimas corrían por mis mejillas cuando los abracé a los dos. Fue una despedida muy emocional, y se podía ver que estaban preocupados, viendo que su joven protegida iba a alejarse de su cuidado y su protección. Como siempre, cuando ya me iba, Velma me dio un abrazo, oró conmigo, y me dio un pastel de camote. No quería alejarme de la seguridad que sentía con los Belon; me sentía como un cordero que se separa de su pastor.

Poco tiempo después, conocí a Jeff.

En realidad, dejar Chapel Hill representaba mucho más que solo volver a la casa de mis padres. También volví a la fortaleza religiosa de la que solo había empezado a escaparme. Sin la presencia constante de los Belon en mi vida, la desesperación parecía extinguir toda la paz y la esperanza que sentía cuando me aconsejaban y me enseñaban. El vacío fue avasallador. Intenté recuperar la seguridad que sentía antes, buscando el amor y la aceptación en todos los lugares equivocados. Esto me llevó a un ciclo de tomar alcohol, usar algunas drogas ilícitas, y entrar en relaciones promiscuas.

Para angustia de mis padres, yo me negaba a regresar a la iglesia de nuestra familia. Ya había probado la libertad del cristianismo verdadero, y aunque no vivía como una discípula muy devota después de volver a casa, me negué absolutamente a volver a entrar en el sistema religioso opresivo de mis padres.

A pesar de nuestros problemas financieros, estaba resuelta a volver a la escuela, y empecé a buscar cualquier oportunidad de ganar una beca. Fue entonces que descubrí el mundo de los concursos de belleza. Me atraía todo el encanto de los concursos: la ropa bella, la joyería, y el maquillaje —todo lo que de niña me prohibían— además de las becas que recibían las ganadoras.

—Mamá, por favor, déjame inscribirme —le pedí, después de compartir la oportunidad que se presentaba. Ella solo me quedaba mirando todo el tiempo que le explicaba los diferentes aspectos del concurso. No me animó en lo más mínimo en este proyecto nuevo. De hecho, nadie en mi familia me apoyó cuando tomé la decisión y entregué la solicitud.

—No vas a ganar nunca —dijo mi padre después, con toda franqueza—. Sabes, a Kathy le pareció que la competencia era tan difícil que ella pensaba que ella misma no podía ganar. Ni siquiera debes intentarlo—. Pero a pesar de sus palabras, seguí adelante con mi plan y mantuve la esperanza.

———

—Y la ganadora...la nueva Miss Carolina del Norte, Cuatro de Julio es...¡la señorita Jennifer Thompson!

Fue un momento increíble. No solo gané el primer concurso en el que entré, además gané el premio de Miss Simpatía. Después, todavía estaba yo en el escenario cuando mi hermana Kathy se acercó con su nuevo novio para darme un abrazo.

—Jennifer, te presento a Jeff —dijo ella.

Jeff tenía casi treinta años y ya se había establecido como un negociante respetado. Como símbolo de sus logros comerciales y su compañía exitosa, conducía un Porsche de último modelo y vivía en una zona exclusiva de la ciudad. Yo ya sabía quién era, porque su padre era pastor en una iglesia afiliada de nuestro sistema religioso.

Cuando mi hermana terminó de presentarlo, Jeff extendió la mano hacia mi cadera para quitarme el número de postulante que había llevado allí durante el concurso. A la vez, me susurró al oído —Es un gusto conocerte.

Cuando miró a mis ojos, supe exactamente lo que quiso decir. Sentí un tipo de emoción fuerte junto con una impresión embriagante de poder, al observar que él miró mi vestido de noche de arriba abajo con una sonrisa de admiración.

No había límites entre nosotras. Kathy era hermosísima y la preferida de mi padre. Él nunca pudo negarle nada. Aunque yo acabé de ganar un concurso de belleza, estaba convencida de que ella siempre sería el hermoso cisne y yo el patito feo. Además, como hermanas, era natural que compitiéramos. En ese momento, sentí la emoción de una nueva competencia.

Es importante entender que la perversión del abuso sexual típicamente provoca una de dos reacciones. O la mujer inconscientemente usa la obesidad para aislarse, para evitar la atención sexual de los hombres, o va en la dirección contraria, deseando la afirmación constante de su sexualidad para calmar la inseguridad. La segunda alternativa lleva a relaciones lujuriosas y promiscuas.

Mientras Kathy y Jeff salían del escenario, él dio media vuelta y me guiñó el ojo. La competencia había empezado.

Mi nuevo título vino acompañado de una variedad de joyas, ropa, oportunidades para dar discursos, y un tipo de fama local que me gustó muchísimo. Un día, después de ir a un evento obligatorio que se relacionaba con mi título, conducía hacia mi casa por una carretera cuando llegó una tormenta del mar. La intensidad se incrementaba y era difícil ver; batallaba con el volante mientras las ráfagas de viento golpeaban el carro. En cierto momento, el carro casi se me fue del camino y un rayo tremendo cayó justo enfrente de mí. Aterrorizada, estaba segura de que fue la mano de Dios que me juzgaba por mi participación en el concurso de belleza, y por los aretes de rubíes y zafiros caros que llevaba.

Mi corazón palpitaba mientras me quitaba los aretes; luego, clamé a Dios, pidiendo que perdonara mi «pecado». El próximo domingo, volví a la iglesia con mi familia. Me paré delante de mis padres y la congregación, arrepentida, confesando mis pecados. Tuve que hacerlo. Si no lo hacía, creía que pronto Dios me iba a matar porque no obedecía las reglas de mi abuelo. El sistema me había enseñado eso. Pero el miedo ardiente y mi penitencia duraron muy poco tiempo.

Dentro de un mes después de la competencia, Jeff decidió alejarse de mi hermana; en ese momento, ella vivía con él y era su novia. Bajo el pretexto de querer ayudarla, fue a mis padres para expresar que estaba preocupado sobre la salud de mi hermana, ya que ella tomaba en exceso y perdía frecuentemente la consciencia. Consideraban que Kathy era la «buena niña» de la familia. Había obedecido las reglas de nuestra iglesia, fue nominada para una beca prestigiosa, y había sido la presidenta de su clase en la escuela secundaria. En la universidad, sin embargo, empezó a tomar alcohol, lo cual llegó a ser una adicción que ya no podía controlar.

Cuando Jeff les describió el alcoholismo desmedido de Kathy, mis padres decidieron que tenían que tomar medidas inmediatamente. En muy poco tiempo, hicieron sus planes: Kathy, Jeff y yo nos subimos a su Porsche para viajar a Atlanta, para que Kathy entrara en uno de los mejores centros de rehabilitación de los Estados Unidos. Mi hermana creía que Jeff la amaba y que él realmente quería ayudarla. Por eso, entró voluntariamente en el instituto.

Después de conducir siete horas, llegamos a la clínica. Mientras Jeff organizaba el proceso de admisión, le di a Kathy un largo abrazo y nos despedimos. Nunca me olvidaré de cómo me miró cuando dio media vuelta para despedirse una vez más. Aunque todavía era muy guapa, parecía mayor de lo que era.

Antes, parecía que ella tenía mucho potencial, pero el alcohol tuvo un efecto grave.

Cuando Kathy ya había entrado en la clínica, Jeff y yo caminamos a su carro para volver a Carolina del Norte. Ya eran las siete y pico, así que no llegaríamos hasta después de la medianoche. Comimos rápidamente y volvimos a la carretera.

Durante el viaje, mientras charlábamos, yo estudiaba el perfil de Jeff. Era guapo y estaba seguro de sí mismo, y parecía saber de todo. Conversamos naturalmente de varios temas.

Llevábamos casi cinco horas en el carro cuando comentó —Oye, Jennifer, ¿te importa si pasamos la noche aquí? Me es difícil mantener los ojos abiertos.

Pensé que era solo una excusa porque yo sabía lo que había visto en sus ojos cuando lo conocí la noche del concurso. Pero me sorprendió ver que Jeff fue un perfecto caballero...por lo menos esa noche. Aunque nos hospedamos en la misma habitación, dormimos en camas separadas.

—Buenas noches —dijo, y me dio un abrazo de consuelo.

Yo sí quería a mi hermana y sentía compasión por su condición. Sin embargo, mi necesidad de amor y atención tenía que satisfacerse.

Capítulo 14

DURMIENDO CON EL ENEMIGO

Después de salir de la UNC, trabajé en la empresa de electricidad, Carolina Power and Light, para ahorrar dinero para volver a la escuela. Pero poco tiempo después de que Kathy entró en el programa de rehabilitación, Jeff me ofreció un trabajo en su empresa en la ciudad. Fue una decisión obvia. Podía trabajar para él de día y tomar clases de noche. Además, me ofreció un salario enorme: el doble de lo que ganaba en ese momento. Tuve que aceptar una oferta tan atractiva.

Después de aceptar el trabajo, Jeff me perseguía ardientemente. La chispa de atracción que se manifestó al final del concurso de belleza cobró vida. Jeff me dio muchos regalos: bolsas elegantes, ropa de las mejores tiendas, y joyas extravagantes. Un par de veces me invitó a acompañarlo a las Bahamas, donde pasamos fines de semana maravillosos. La relación progresó tan rápidamente que después de tres meses, yo estaba locamente enamorada de Jeff. Llegué a ser su nueva secretaria además de su novia, y me instalé en su casa.

Al principio, pensé que la relación se basaba en el respeto, pero pronto se transformó en algo que yo conocía demasiado bien: el abuso. Cuando Jeff se dio cuenta de que yo estaba enamorada de él, otro lado de su personalidad empezó a manifestarse, produciendo explosiones imprevistas.

—Jennifer, ¿pudieras pasar por el restaurante de barbacoa para recoger algo para cenar? —preguntó Jeff, después de un día largo. Pronto después de instalarme en su casa, me di cuenta de que la personalidad de Jeff tenía un elemento compulsivo. Mantenía su casa, su carro, y todos los aspectos de su vida con precisión absoluta. Al abrir la despensa de su cocina, por ejemplo, se veía que las latas estaban perfectamente organizadas. Su armario era igual: cada prenda estaba colocada precisamente según su color. Debería haber prestado atención a esas señales obvias que revelaban su personalidad compulsiva. Pero, al contrario, me negué a reconocerlas, concentrándome solamente en su generosidad extravagante. El resultado desastroso fue inevitable.

Entrando en el restaurante para recoger nuestra comida, hice un cambio en el último minuto: en vez de la ensalada de repollo que Jeff había pedido, pedí ensalada de papa. Con las cajas de comida en la mano, volví al carro apresuradamente, esperando poder llegar a casa y poner la mesa antes de que él llegara.

Al abrirse la puerta del garaje, supe que él había llegado.

Acabé los preparativos justo antes que él entrara. Echando una mirada a la mesa, dejó su maletín. Cuando me acercaba para darle un beso, sentí que el dorso de su mano me pegó en la cabeza y me caí al piso. Sus zapatos italianos negros dieron impactos fuertes en mi espalda, y sentí dolores agudos que me corrieron por la columna.

—¡Te mandé que trajeras ensalada de repollo, pero trajiste una ensalada de papa que lleva mucha grasa! —me gritó. Fue la primera vez que me pegó: inmediatamente lamentó sus acciones…por el momento.

De la noche a la mañana, el novio cariñoso que me daba regalos caros y todo lo que yo quería se transformó en un abusador obsesivo que cuestionaba todas mis acciones. Su paranoia acerca de mi horario y mis otras amistades provocó ataques físicos que me dejaron cubierta de moretones y cortes, y hasta con huesos rotos que no siempre se podían ocultar. El maquillaje solo cubre hasta cierto punto.

Varios meses después, luego de trabajar tarde un día, Jeff me sorprendió llevándome a un restaurante muy caro en la ciudad. Empezó bien, y las luces bajas y la música tranquila le aliviaron el estrés del día largo. Jeff estaba relajado mientras tomábamos vino después de la cena. Era como la primera etapa de nuestra relación, cuando me trataba bien. Pero cuando nos levantamos para irnos, Jeff observó a un hombre guapo que me miraba. Sabía que era mejor no decir nada, pero yo sentía la ira de Jeff cuando nos subíamos al carro. Mientras regresábamos a casa, la tensión aumentaba.

Cuando entramos al apartamento, la furia de Jeff estalló como un volcán y me sujetó contra el piso. Gritándome insultos obscenos, con el puño empezó a golpearme las costillas y la cabeza. Luego agarró uno de mis dedos meñiques y lo dobló hacia atrás hasta que se quebró como un fósforo. Afortunadamente, cuando el hueso se quebró, Jeff de repente se calmó y su enojo desapareció. Luego —como siempre— estaba muy arrepentido de lo que acabó de hacer un momento antes.

—¡Me quebraste el dedo! —grité. Con la otra mano protegía el dedo roto, que me dolía intensamente.

—No es cierto, solo te lo torcí —insistió, y me agarró el dedo para tratar de devolverlo a su posición natural. El dolor del dedo y de los golpes en la cara era atroz. Me abrazó y prometió ir a terapia —algo que ya le había implorado hace mucho. Ahora, suplicando que yo le perdonara, me ayudó a limpiarme la sangre de la cara y luego insistió en llevarme al hospital. Yo estaba sorprendida y me dejé engañar.

Me persuadí, pensando «Quizás esta vez él ha cambiado realmente».

Cuando entramos en la clínica, el despreciable «Sr. Hyde» ya se había transformado en el amable y cariñoso «Dr. Jekyll»; él se encargó de todo cuando llegamos a la recepción en la sala de emergencias. Nunca me olvidaré de cómo explicó tan naturalmente mis heridas, insistiendo que yo me había aplastado el dedo con la puerta del carro.

Cuando Jeff salió de la recepción, el secretario observó que no había moretones que correspondieran con la historia, y me avisó en voz baja: —Yo sé que él te hizo esto. Tienes que escaparte.

—No es cierto —le mentí, sin querer mirarle la cara al secretario. Las manos empezaron a temblar cuando volteé la cabeza para ver si Jeff me observaba.

No tuvimos tiempo de conversar más, porque Jeff volvió a la recepción y me acompañó a una de las sillas en la sala de espera. Luego, él se quedó totalmente absorto mirando televisión mientras yo contemplaba el aviso del secretario. Sabía que él tenía razón, que tenía que escaparme. El único problema era que no sabía cómo.

Unos días después, Jeff y yo fuimos a visitar a mis padres; los moretones ya no eran negros y poco a poco se volvían más amarillos, pero todavía se me notaban en la cara.

—¿Cómo puedes dejar que un hombre te pegue? —preguntó papá, cuando estábamos solos—. No te criamos así. Nunca me viste pegar a tu madre. ¿Por qué permites que él te haga esto?

Una ira desenfrenada me llenó en ese momento y respondí con un tono helado.

—Después de todo lo que me ha sucedido, dejar que un hombre me pegue es pan comido —respondí, y me marché del cuarto.

Pareció que mi padre no tenía la menor idea a qué me refería y estaba perplejo ante mi respuesta. Luego mi madre también me habló a solas y expresó que estaba preocupada, suplicándome que yo abandonara a Jeff. Pero mi percepción estaba tan distorsionada que creía que ellos estaban criticándome a mí en vez de a mi novio. En vez de confirmar el aviso del secretario en el hospital, sus comentarios solo fortalecieron mi conexión con Jeff. Solo una víctima del abuso puede entender lo que voy a decir ahora. La razón que no quería dejarlo a Jeff fue que yo no creía que mereciera algo mejor. Lamentablemente, esta actitud es prevalente en la mayoría de las víctimas del abuso, y provoca un ciclo peligroso.

Para las víctimas que no se convierten en abusadores, la mayoría siguen siendo víctimas durante toda la vida, pasando de una relación abusiva a otra. Mi amiga, Susan, es un ejemplo. Es una negociante hermosa y muy inteligente que trabaja como vicepresidenta de una gran empresa de mercadotecnia. De unos veinte años, conoció a Doug y luego se casó con él. Él era guapo y atento; cuando Susan estaba con él, se sentía como la persona más importante del mundo. Sin embargo, en el primer año de matrimonio la fachada se vino abajo y Doug se volvió abusivo, tanto verbal como físicamente. Susan se crio en un hogar cristiano que rechazaba el divorcio, así que decidió quedarse con Doug, hasta que las palizas llegaron a ser tan brutales que fue hospitalizada, casi muerta. Los doctores pudieron salvar su vida, pero ella perdió la habilidad de tener hijos. Susan por fin cobró el valor para dejar a Doug, y se fue apenas con un poco más que la ropa que llevaba puesta y un par de maletas, y tenía la autoestima totalmente destruida.

Susan decidió que nunca volvería a amar a un hombre, así que se dedicó totalmente a su carrera. Siguió así por quince años, hasta que conoció a Jason. Por sus experiencias pasadas con los hombres, había un laberinto de murallas alrededor de su corazón, pero Jason la persiguió con mucha paciencia. Le regaló flores y cenas elegantes, y aceptó con paciencia el hecho de que ella quería avanzar lentamente en la relación; finalmente, ella se enamoró de él y se casó por segunda vez, pensando que ahora había encontrado el hombre que siempre deseaba. Dentro de seis meses, el matrimonio se desintegró, porque el cariño amable de Jason se transformó en manipulación obsesiva. Insistía en saber dónde estaba ella en todo momento, y finalmente prohibió que ella saliera de la casa sin él; hasta prohibió que fuera a su trabajo. De nuevo, Susan se encontró en el tribunal de divorcio, con la autoestima destruida.

Casi diez años después, Susan volvió a enamorarse, pero esta vez de alguien que parecía ser el hombre más agradable y compasivo que jamás había conocido. Era divorciado y tenía una hija en la escuela secundaria, y luego Nick compartió con Susan historias de su exesposa. Pensando que Nick tenía tantas heridas como ella, Susan se dejó enamorar otra vez. Sentía compasión por el dolor que Nick experimentó, al revelar él que su exesposa fue infiel y los abandonó a él y a su hija.

Actuando de acuerdo con su deseo de ser importante en la vida de alguien, Susan se dejó convencer de que Nick y su hija solo necesitaban que una mujer cristiana les ayudara a crear un hogar cariñoso. Nick deseaba volver a la escuela, y esto llegó a ser el deseo de Susan también. Aceptó casarse con él y financiar su plan de completar su título de derecho. La situación económica de los dos era muy difícil, pero estaban trabajando juntos para realizar un futuro brillante—un futuro que se esfumó cuando Nick se graduó. Como ya no dependía del salario de ella, Nick cambió totalmente; en vez de ser agradable, empezó a atacarla verbalmente. Los ataques verbales llegaron a ser cada vez comunes, hasta que finalmente empezó a golpearla. De nuevo, Susan se había casado con un abusador.

La historia de Susan es trágica y real, y no es un incidente aislado. Al contrario, revela el ciclo que se repite para multitudes de víctimas de abuso. No importa cuántas veces los demás les dicen que merecen algo mejor que los «perdedores» que ellas atraen; el dolor del pasado es un imán que atrae más abuso. Este ciclo sigue repitiéndose, a menos que sucedan dos cosas. Primero, el ciclo espiritual tiene que romperse en el nombre de Jesucristo, algo que discutiremos más adelante. Segundo, la persona abusada tiene que aprender a reeducar su mente, para verse como una persona que tiene valor. Hasta que una víctima de abuso no abandona la actitud equivocada de que merece las palizas, la recuperación sigue siendo un sueño ilusorio.

La Biblia ofrece esperanza y dirección:

> *No imiten las conductas ni las costumbres de este mundo, más bien dejen que Dios los transforme en personas nuevas al cambiarles la manera de pensar. Entonces aprenderán a conocer la voluntad de Dios para ustedes, la cual es buena, agradable y perfecta.*
>
> (ROMANOS 12:2, NTV)

Dios no quiere que una mujer —la corona de su creación— sea víctima de abuso, maldiciones, o palizas. Sin embargo, los mensajes del pasado que se repiten en la mente de las víctimas de abuso —que destruyen su autoestima y las desvaloran— tienen que aniquilarse para siempre.

En mi caso, a causa del abuso, ciertas ideas familiares surgían repentinamente: «Jennifer, si se lo dices a alguien, te odiarán y vas a meterte en líos. Eres tú la que me obligaste a hacerte esto. Nomás quédate callada y al rato todo terminará».

Pasaron años antes de que yo descubriera que yo no era la persona que esos hombres depravados insistían que era. Al contario, he aprendido a renovar mi mente, creyendo que soy lo que la Palabra de Dios declara que soy: soy una creación admirable, formada a la imagen de Dios mismo. Yo tengo un valor infinito en sus ojos, lo cual Él demostró, enviando a su único Hijo para salvar mi vida. No hice nada para provocar esos actos pervertidos. *Ellos* tomaron la decisión de actuar de acuerdo con sus fantasías depravadas y su ira.

Querido lector, si ha sido abusado de alguna forma, el poder de la Palabra de Dios puede sanarlo: «Ciertamente la palabra de Dios es viva y poderosa» (Heb 4:12). No importa cuánto daño usted ha sufrido en su cuerpo o en su alma, todo puede ser completamente borrado, si usted cambia su forma de pensar para corresponder con lo que dice la Biblia. Desafortunadamente, como una mujer joven, todavía no sabía que podía aprovechar este regalo increíble de Dios para sanar mis heridas. Como resultado, toleré el abuso físico y verbal.

—¿Cómo puedes amarlo? —me preguntaba mamá, llena de preocupación.

No podía darle una respuesta. No sabía. En ese momento no sabía que el abuso es cíclico. Y ese ciclo incluía a mi propia madre.

Capítulo 15

EL CICLO DE ABUSO

El peso del secreto que llevaba a lo largo de mi niñez crecía durante los años; finalmente, tuve que reconocerlo y buscar una forma de aliviarme. Las amenazas vacías de Joe ya no me paralizaban, y sabía que no tenía que guardar silencio. Ahora, como mujer, creía que tenía una obligación de revelarle a mi madre lo que sufrí durante esos años de abuso sexual. No sabía cómo ni dónde empezar, así que tartamudeaba cuando trataba de explicarle los horrores que sufrí de niña.

Por fin, entre lágrimas, le conté todo, expresando el secreto oscuro que había llevado adentro.

—No puedes hablarle a nadie de esto, o podrías arruinar completamente la familia de tu hermana— dijo mamá en una voz muy baja, sin ninguna emoción. Por la finalidad absoluta de sus palabras, me di cuenta de que ella no quería que yo volviera a mencionar el tema nunca jamás.

El impacto de sus palabras y la falta total de simpatía me sacudieron profundamente. Había esperado que dijera algo como «Ay, mi vida, es tan terrible que esto te haya ocurrido». Pero, al contrario, su comentario solo intensificó los sentimientos de traición, abandono y confusión que me habían acompañado durante tanto tiempo.

Según Jan Frank, autora de *Door of Hope: Recognizing and Resolving the Pains of Your Past* [*Puerta de esperanza: Cómo reconocer y resolver los dolores de tu pasado*], «En muchos casos, los adultos que pasan por la vida con los ojos cerrados han intentado desechar el abuso que han sufrido; por eso, no ven las señales obvias y no reconocen que necesitan proteger a sus propios hijos».

Resulta que el ciclo de abuso empezó durante la propia niñez de mi madre. Esto salió a la luz cuando un familiar lejano mencionó que un predicador que vino como pastor invitado abusó a mi madre cuando era niña. Aunque nunca conversé con ella sobre el asunto, parece evidente que, como yo, no le habló a nadie sobre lo que pasó. Si bien no manifestó ninguna compasión cuando revelé que me abusaron, eso se debió obviamente al hecho de que de niña ella también fue víctima de abuso religioso y sexual. Pero su recomendación de que yo me olvidara del abuso y solo siguiera adelante, como ella lo había hecho, solo provocó más dolor. La pena del abuso no puede suprimirse, ni encubrirse, ni ocultarse. Tales acciones solo extienden el dolor y hacen que crezca. Como una herida infectada, el dolor sale finalmente a la superficie y tiene que curarse, como cuando una astilla penetra profundamente la piel.

Quiero que quede claro que, aunque me dolió mucho en aquel momento, no culpo a mi madre por su respuesta. Es una reacción típica cuando los padres no tienen ninguna idea de qué hacer ni de cómo ayudar a sus hijos. Por mi propia experiencia, he llegado a comprender que si no resolvemos los problemas y los patrones que existen en nuestras familias, más tarde pasan a la próxima generación en un ciclo pervertido. Mi madre no tenía ninguna forma de ayudarme a superar el abuso que sufrí, porque tampoco le enseñaron a ella a superar el abuso que ella sufrió.

Como la mayoría de las mujeres abusadas, siempre le perdoné a Jeff. Después de cada asalto, él siempre volvía a ser dulce y cariñoso, y prometía ser un novio perfecto. Después de los asaltos más severos, era común que me llevara a un hotel elegante en las Bahamas y que durante días me tratara como una reina. Como la mayoría de los manipuladores, sabía exactamente lo que tenía que decir y hacer para que yo le perdonara. Tenía una habilidad maravillosa de identificar mis heridas emocionales y aprovecharse de ellas. Un ejemplo tenía que ver con mi relación con mi familia.

—Pobrecita— comentó, después de una de nuestras visitas con mis padres. —Mereces que te traten mucho mejor—. Cuando mi familia me hería, hasta con los menores comentarios, Jeff se aprovechaba de tales situaciones para fortalecer su posición en mi vida y hacerme más dependiente de él. No entendí la ironía de su declaración, porque todavía creía que solo él podía darme el consuelo y la aceptación que necesitaba.

Durante los meses siguientes, Jeff se obsesionaba cada vez más sobre mis actividades, hasta el punto donde insistía en saber dónde estaba yo las veinticuatro horas del día. Me encontré atrapada en una red de conexiones con él tanto profesionales como románticas y no podía escaparme. Cuando por fin cobraba el valor para hacer algún intento pequeño de alejarme, él sabía exactamente cómo intimidarme, para que volviera a entregarme a su control.

—Te voy a dejar —dije temblando después de otra paliza. Estaba repugnada ante mi vida y sabía que algo tenía que cambiar. Pero Jeff había escuchado esas palabras antes, y sabía encantarme con su carisma para que yo volviera a sus brazos, engañada por una falsa ilusión de seguridad. También sabía intimidarme. Cuando nos acostamos esa misma noche, Jeff colocó una escopeta en la cama entre los dos. Era una amenaza silenciosa que comunicó mucho más de lo que podían sus palabras.

Una y otra vez pedí que fuera a terapia psicológica, hasta que por fin aceptó que fuéramos juntos a la iglesia —la iglesia de sus padres. Las doctrinas básicas de esa congregación eran parecidas a la iglesia donde me crie. Yo conocía bien ese tipo de sistema de reglas y leyes, sin la gracia salvadora de Jesús. De una forma extraña, los servicios y los rituales familiares me consolaron y me llevaron a creer que todo estaba bien. No podía ver cómo mi vida se descontrolaba cada vez más, hasta que desperté a la realidad cuando me pusieron esposas en las muñecas.

Capítulo 16

ESCAPÁNDOME

Jeff era increíblemente inteligente y, aunque tenía menos de treinta años, había ganado mucho dinero. Tanto dinero que, en realidad, la Agencia Estatal de Investigaciones lo estaba vigilando por la cantidad de dinero que había acumulado en tan poco tiempo. Llevábamos una vida extravagante. Jeff cambió su Porche por un Mercedes deportivo nuevo. También tenía un hermoso Jeep nuevo de color azul oscuro, con paneles de madera, que usábamos cuando paseábamos por el campo y por los terrenos que tenía su familia. Amenazaba con enterrarme en esos mismos terrenos si alguna vez revelaba que él me había abusado.

Jeff tenía cuatro pasiones: la vida lujosa, las mujeres hermosas, el control, y la velocidad. Ésta última resultó en la suspensión temporal de su licencia de conducir.

Una tarde, después de trabajar hasta muy de noche, Jeff, bostezando, cerró su maletín y entonces sugirió que cenáramos rápidamente y que luego volviéramos a casa. Fuimos a uno de sus restaurantes favoritos y luego me llevó de regreso a la oficina para buscar mi carro. Había sido una noche maravillosa y yo quería extender la tranquilidad de la que gozábamos.

—Cariño, ¿qué tal si dejamos mi carro aquí esta noche y tú me llevas al trabajo en la mañana? —sugerí. Jeff asintió con la cabeza y se dirigió del estacionamiento a la calle.

Fue una de las peores decisiones que jamás tomé.

89

Casi al instante, Jeff notó a un policía que viajaba en el sentido contrario. Inmediatamente, entró en pánico, viró para entrar en una calle secundaria y aceleró lo más rápido posible. No se sabe si la policía buscaba a Jeff, pero cuando Jeff aceleró así de rápido y las llantas chillaron, el patrullero dio la vuelta para perseguirlo.

—¡Muévete a mi asiento! —gritó, mientras pasábamos a toda velocidad por la calle secundaria. El velocímetro ya indicaba más de setenta millas por hora. Jeff todavía no tenía su licencia a causa de una infracción anterior, así que él sabía que, si lo alcanzaban, lo iban a llevar a la cárcel.

Sin contemplar las consecuencias, agarré el volante y pasé por debajo del cuerpo de Jeff. Con un poco de dificultad, me coloqué por fin en el asiento del conductor y tomé control del vehículo.

—Sigue, sigue, ¡sigue! —continuó gritando, a pesar de todas las patrullas que ahora nos seguían. Atónita, miré en el espejo retrovisor a las patrullas detrás de nosotros. Había por lo menos tres y parecía imposible que nos escapáramos. A pesar de que Jeff insistía en que yo siguiera adelante, paré el carro. Casi al instante nos rodearon.

—Jeff Dawes —dijo el policía, con una sonrisa de satisfacción. Esperaba una victoria al mirar en el vehículo y contemplar el terror en el rostro de Jeff.

Después de sacarnos del carro, el policía pidió que nos sentáramos en el asiento trasero de su vehículo. Solo entonces empecé a darme cuenta de las consecuencias posibles de mis acciones tontas.

—Si crees que voy a ir a la cárcel por ti —le susurré con enojo— te equivocas. Voy a denunciarte ahora mismo. Yo *no* voy a la cárcel.

—Vamos a fingir que me llevabas al hospital —respondió en voz baja, y al instante inventó una historia elaborada.

Como una tonta, dejé que me persuadiera a colaborar con su plan.

Cuando llegamos a la cárcel, me pusieron en una celda temporal y Jeff llamó a un fiador para que pagara nuestra fianza. Después, volvió a donde estaba yo. Curiosamente, lo colocaron a él en una celda al lado de la mía, así que podíamos charlar. Luego, Jeff empezó a vomitar, fingiendo que estaba enfermo, para confirmar nuestra historia.

Más tarde, Jeff contrató a un abogado para que me defendiera. Cuando el caso llegó al tribunal, no me tocó decir ni una palabra. Se resolvió el proceso y solo me acusaron de conducción temeraria. Aunque Jeff nos salvó de ir a la cárcel, nuestra relación se aceleraba hacia un desastre.

Poco después, un domingo por la mañana, nos preparábamos para ir a la iglesia cuando alcé de repente la vista y noté la furia en los ojos de Jeff. Yo no sabía qué había hecho, pero sabía que él iba a darme otra paliza.

Tan pronto como lo vi entrar en el dormitorio, corrí para escaparme. Jeff me persiguió, agarrando mi ropa y mi pelo y cerrándome el paso. Imploré que me perdonara, sin tener ni idea de qué había provocado tanta ira. Pero era imposible confundir las intenciones malévolas en sus ojos, que me causaban un temor intenso.

Me arrinconó en el baño, me agarró la cabeza entre ambas manos, y estrelló mi cabeza contra el toallero de cerámica, haciéndole añicos. Me corría la sangre por las mejillas y estaba mareada por el impacto, pero de alguna forma me mantuve en pie y pasé con dificultad entre Jeff y la pared, desesperada por escaparme.

—¡Te voy a matar! —rugió con furia, tratando de detenerme, pero no me alcanzó.

Salí disparada del baño y entré en el pasillo. Agarrando el teléfono inalámbrico, marqué 9-1-1 sin reducir la velocidad, y corrí al baño en el segundo piso. Por propia experiencia sabía que ese baño tenía un cerrojo y que su puerta era la más gruesa de la casa.

—¡Socorro! —grité en el auricular—. ¡Necesito que venga alguien!

Al otro extremo de la línea telefónica, la operadora pedía que yo le diera más información.

—Señora, por favor cálmese y dígame qué está pasando — repitió una y otra vez.

Llegué al baño y cerré el cerrojo justo antes de que llegara Jeff. La puerta temblaba del peso de los golpes y las patadas que daba Jeff, mientras gritaba palabrotas.

Jadeando, me dejé caer al piso de baldosa fría.

—¡Me va a matar esta vez! Por favor, mande la policía antes de que quiebre la puerta —logré decir por fin.

Jeff siguió gritando vulgaridades, informándome de lo que me iba a hacer cuando quebrara la puerta. De alguna forma, oyó mi voz mientras hablaba con la operadora. Cuando se dio cuenta de que yo tenía el teléfono, gritó una palabrota y corrió del cuarto, rugiendo como un animal enfurecido.

Para cuando la policía llegó, mi cara estaba cubierta de moretones rojos. La sangre en mi pelo y en mi ropa se había secado, y mi ropa estaba rota. Jeff no se encontraba. Esta vez me había dado una paliza fuerte.

—Esto es bien serio —comentó un agente, al observar cómo estaba la casa de desordenada después de que Jeff me había perseguido por todos lados. Cuando él entró en el baño, le mostré el toallero hecho pedazos y le expliqué la pelea.

—Señorita, usted debería estar muerta —respondió, y cabeceó de asombro.

Las heridas en mi cabeza empezaron a sangrar de nuevo. Además, Jeff me había mordido en varios lugares —las marcas de las mordidas se veían en mis dedos.

Durante nuestra relación, Jeff me había golpeado muchas veces, pero esta vez yo sabía que habría llevado a cabo la amenaza de matarme. Mientras el agente continuaba examinando la evidencia, recordé un incidente reciente cuando la ira de Jeff estalló en el mismo baño. Ese día, me agarró del pelo y sujetó mi cabeza bajo el agua hasta que mi piel se volvió azul por falta de oxígeno. Cuando me soltó por fin, me caí al suelo, luchando por respirar.

Dejé de contemplar ese incidente, y el dolor punzante de la paliza me llevó de nuevo al presente. En ese momento, decidí que Jeff no volvería a golpearme nunca más.

***

Irónicamente, nuestra relación tumultuosa finalmente terminó, no porque cobré el valor para dejar a Jeff, sino porque él me echó.

Aunque la policía me animó en varias ocasiones a presentar cargos contra Jeff por el asalto, siempre me negué a hacerlo. Pero estaba resuelta que él iba a pagar por el dolor que me causó. Esa noche, él volvió a la casa como si los eventos de esa mañana no hubieran sucedido jamás.

Nuestra relación estaba profundamente disfuncional. En mi corazón, creía que lo amaba, pero también quería vengarme, y dirigí mi ataque contra el área donde yo sabía que le heriría más —su masculinidad.

Poco después, cuando Jeff salió para un viaje corto de negocios, acepté tener un romance con un hombre que Jeff y yo conocíamos. No me importaba que los demás se fijaran en mis acciones ni tampoco que el hombre estuviera casado. Jeff se enteró de nuestra aventura casi inmediatamente después de regresar de su viaje.

Él estaba desolado y a pesar de mi resolución que yo no iba a dejar que él volviera a golpearme, lo hizo. Al final, me levantó y me tiró al piso, y mandó que me fuera de la casa. Debería haber estado alegre de liberarme, pero al contrario supliqué que me perdonara. Solo quería herirlo, no dejarlo. Todavía estaba enamorada de él.

—¡Fuera! No eres nada, Jennifer —gritó a mi espalda cuando salía de la casa. —Haz algo con tu vida. Termina tu educación. —Fue lo último que escuché mientras colocaba mis cosas en mi carro. Ese último consejo fue el único elemento positivo que salió de nuestra relación.

Sin lugar a dónde ir, volví a la casa de mis padres para recuperarme. Finalmente, seguí el consejo de Jeff y volví a la escuela a tiempo completo para completar mi licenciatura.

Aunque todas mis relaciones habían fracasado, había dos áreas dónde sabía que podía ganar la afirmación y el éxito que deseaba. Así, resignada ante el futuro que me esperaba, me dediqué cien por ciento a esas áreas: las clases y el sistema religioso de mis padres.

Capítulo 17

MI PRÍNCIPE AZUL

—Serías una maestra excelente —me dijo Jeff una vez de improviso. Mientras contemplaba el futuro, la idea se me ocurrió de nuevo. «¿Por qué no?» pensé, y decidí cambiar mi especialización a educación. Poco después, me dediqué de nuevo a mis estudios. Trabajando y viviendo con Jeff, por lo menos había ahorrado el dinero suficiente para poder asistir a las clases a tiempo completo, sin tener que trabajar. Ahora, sin novio, me concentré enteramente en mis clases y pronto estaba sacando A en todos mis cursos. Unos ocho o nueve meses después de nuestra separación, había acumulado los créditos suficientes para empezar mi último año.

Por fuera, a lo mejor parecía que finalmente había cambiado mi vida, pero en realidad yo era como un camaleón: era una experta en mantener una fachada para llevarme bien con los demás. Los que han sido abusados en la niñez tienen que aprender a adaptarse para sobrevivir. Asistir a la escuela no fue nada diferente. Hice todo lo posible e hice lo que creía que los otros querían, para ganar su aprobación. Por el momento, estaba esforzándome para agradar a mis profesores. Observando mis notas y mis logros académicos, varios de ellos habían recomendado que asistiera a la escuela de posgrado. Sin ningún otro plan para mi futuro, estaba considerando seriamente esa opción.

Un día por la mañana a principios de mi último año, me subí a mi carro para atender un asunto urgente: el seguro de mi carro. Después de hablarle al agente y completar los trámites necesarios, me dirigía hacia la salida cuando otra agente me detuvo.

—¿Usted tiene novio? —me preguntó de la nada.

Me paré abruptamente. ¿De dónde salió tal pregunta? Esta mujer ni siquiera me conocía.

—No, no me interesa salir con nadie. Voy a ir a la escuela de posgrado —dije casi sin pensar.

—Bueno, conozco a un hombre muy simpático y creo que los dos se llevarían muy bien —continuó la mujer.

Creía que no tenía el menor interés en salir con nadie, pero de repente respondí de una forma que me sorprendió mucho.

—Bueno, usted puede darle mi número telefónico si quiere.

Antes de salir, apunté mi número y le di el papelito a la mujer, y luego volví a la universidad. En el carro, contemplé la conversación, pero pronto me olvidé de ella después de volver a mi rutina activa de clases y composiciones.

Dos semanas después, estaba en la casa de mis padres cuando sonó el teléfono. Mientras corría a contestarlo, hice un comentario gracioso y sarcástico: —Voy a alzar el auricular y va a ser el hombre de mis sueños.

—Habla David Kostyal. ¿Se encuentra Jennifer? —dijo la voz desconocida pero amable al otro extremo.

Me quedé sin palabras, por lo inesperado de la llamada.

—Soy yo. —Fue todo lo que pude decir, a pesar de mi comentario juguetón un momento antes.

—Una amiga me habló de ti y quisiera invitarte a salir conmigo.

Recordé aquel día en la agencia de seguros. Hacía meses que no salía con nadie y no sabía qué quería hacer. Al final, el factor determinante fue su voz, que estaba llena de seguridad, pero era a la vez amable. Después de lo que había experimentado con los hombres, me importaba definitivamente la amabilidad.

—Bueno, estoy en medio de los exámenes finales y no hago nada más que estudiar durante los exámenes finales. ¿Por qué no me llamas en un par de semanas?

—Genial, te llamo en dos semanas —respondió Dave.

Como era un hombre de palabra, me volvió a llamar en dos semanas exactamente y quedamos en salir a cenar.

Mientras me preparaba para salir esa noche, me resultaba difícil arreglarme el pelo y vestirme. Estaba nerviosa. Hasta cierto punto, quería volver a salir, pero por otro lado estaba contenta en mi soledad.

Cuando sonó el timbre, abrí la puerta para conocer a este hombre misterioso. A primera vista, se me ocurrió una idea: «¿De dónde salió este dios griego?»

Dave medía seis pies con seis pulgadas, tenía pelo oscuro y ojos morenos, y su físico musculoso era evidente a pesar de la chaqueta ligera que llevaba. Le presenté brevemente a mis padres, y luego nos despedimos de ellos y me tomó del brazo para escoltarme a su carro. En vez de dejar que yo caminara sola a la puerta de pasajero, como la mayoría de los hombres que había conocido, me la abrió y esperó hasta que me había acomodado completamente antes de cerrar la puerta con cuidado y luego se dirigió a la puerta del chofer. Hasta ahora, yo estaba impresionada.

Dave condujo la distancia corta a Wrightsville Beach, donde teníamos una reservación en un restaurante elegante de mariscos; el ambiente lujoso contrastaba notablemente con el camión viejo en el que llegamos. Durante el viaje, mientras Dave hablaba, yo había examinado el camión, la cara y la ropa de Dave, pero aprendí muy poco. No tenía ni idea de qué tipo de trabajo tenía, pero más tarde supe que él lo quería así. Cansado de mujeres que solo estaban interesadas en su dinero, este millonario independiente había dejado su Mercedes nuevo en casa.

Mientras hablábamos durante la cena, se me ocurrió que Dave era probablemente el hombre más simpático y dulce que jamás había conocido. Era fácil charlar con él, y me sorprendió notar que disfrutaba mucho su compañía. Había un solo problema. En varias ocasiones esa noche, hizo referencias a su exnovia.

Después de la cena, mientras me llevaba en carro a la casa de mis padres; di un suspiro y le ofrecí un consejo: —Dave, necesitas llamar a esta mujer. ¡Está claro que todavía tienes sentimientos por ella!

Su gesto me indicó que mis palabras le hirieron profundamente. No había querido lastimarle, pero parecía obvio que no era factible en ese momento cultivar una relación con este hombre guapo. Además, pensé, yo iba a la escuela de posgrado.

—Me alegro mucho de haberte conocido —comentó Dave, mientras me acompañaba a la puerta de la casa—. ¿Puedo volver a llamarte?

Sorprendida, alcé la vista para mirar a sus ojos. Realmente era bien parecido.

—Gracias por la cena —respondí, evitando por el momento la pregunta. Sentí que Dave esperaba que yo le contestara, pero no sabía qué decir.

—Haz lo que quieras —respondí, y entré en la casa y cerré la puerta. Me parecía muy improbable que me volviera a llamar.

—¿Cómo te fue? —preguntó papá. Estaba en el sofá, mirando la televisión con mamá.

—Es muy guapo, pero está obsesionado con otra mujer. Me sorprenderá si llama de nuevo —contesté, y luego me acosté.

Definitivamente lo subestimé a Dave Kostyal.

Dentro de dos semanas, llamó para invitarme a salir otra vez. Como antes, era el perfecto caballero. Me abrió las puertas y al caminar me tomó de la mano para guiarme. Era obvio que le gustaba complacerme y me sentía muy cómoda con él.

Pero también me sentía recelosa. Había aprendido de la experiencia que si algo parece demasiado bueno para ser verdad, probablemente no lo es. Pensaba que algún factor invisible tenía que estar motivando a Dave. Me parecía imposible que un hombre tan guapo y tan amable como él fuera real.

Finalmente, Dave empezó a revelar detalles personales. Aprendí que tenía una maestría en ciencias forestales de la Universidad de Duke. Después de graduarse, lo contrataron en una empresa maderera y casi inmediatamente llegó a ser uno de los empleados más importantes de la compañía. Cada año, la empresa ganó cientos de miles de dólares por el esfuerzo de Dave en comprar madera y dirigir los equipos de obreros. Después de ganar mucho dinero para la empresa con su trabajo duro, se le ocurrió el próximo paso lógico.

«¿Por qué no trabajo para mí mismo?»

Luego, fundó la Empresa Forestal David M. Kostyal.

Dave se crio en una familia católica de clase media, donde aprendió, desde una edad muy temprana, el valor del trabajo, la ética, los valores familiares y la fe. Se graduó con las mejores calificaciones de su escuela secundaria pública antes de ganar becas completas para sacar tanto una licenciatura como una maestría de la Universidad de Duke.

Cuando nos conocimos, ya hacía cinco años que tenía su propia empresa. Ahora tenía treinta años y era un hombre impresionante en todo sentido. No tenía ninguna deuda, y además ya era dueño de su propia casa y de un Mercedes Benz nuevo de color blanco, que me permitió conducir en muchas ocasiones.

Si decía que quería algo, me lo compraba al instante. Por ejemplo, me compró un teléfono celular nuevo mucho tiempo antes de que los teléfonos celulares fueran populares. Resultó muy conveniente, porque charlábamos por teléfono muchas horas casi cada noche. Empezaba a relajarme y a sentirme cada vez más segura de que Dave Kostyal era exactamente como parecía.

Una noche, cruzábamos en carro el puente del río Cape Fear y escuchábamos la radio, cuando pusieron una de las canciones clásicas de Elvis Presley. Cuando el cantante famoso entonó las palabras, «I can't help falling in love with you» (*No puedo evitar enamorarme de ti*), Dave me miró.

—Así es exactamente como me siento ahora —dijo, y me tomó de la mano.

La verdad, me sentía así también, pero no dije nada. Interiormente, tenía mucho miedo de que algún día este hombre perfecto se enterara de mi pasado y me abandonara al instante. Mi miedo aumentó más tarde cuando Dave me hizo otra declaración muy personal.

—Jennifer, he guardado mi virginidad para la mujer que será mi esposa.

Dave ni siquiera me había besado hasta después de salir conmigo varias veces. Ahora entendí por qué nunca pidió que le diera nada más que un simple beso. Cuando dijo estas palabras, me sentí muy avergonzada.

«Ni podría decir cuántos amantes he tenido en mi vida», pensé interiormente. Luego contesté —Estás mintiendo. ¿Me quieres decir que fuiste a la Universidad de Duke y hasta jugaste al fútbol americano allí, y nunca te has acostado con una mujer?

Cuando Dave volteó la cabeza para mirarme, su gesto decía «no» claramente. En ese momento, yo no sabía lo importante que había sido para él, a lo largo de su vida, mantener su pureza sexual.

—Bueno, yo no soy virgen, Dave —respondí finalmente, sin dar detalles.

Sin mostrar ningún desagrado, me tomó la cara en sus manos, miró directamente a mis ojos, y dijo —Jennifer, en mi opinión eres bella y pura, y no necesito saber nada más. Sus palabras penetraron hasta mi corazón como una flecha. Quería cubrirle la cara de besos y llorar al mismo tiempo. Sentada allí a su lado y recordando mi pasado, me sentí profundamente agradecida de que un hombre tan honrado y tan amable quisiera salir conmigo a pesar de mi pasado triste. Probablemente fue precisamente en ese momento que Dave Kostyal ganó mi corazón.

Desde allí en adelante, Dave Kostyal fue el único tema de mis pensamientos, mis sueños y mis conversaciones. Por fin, había conocido a mi príncipe azul. Toda mi vida, había querido que alguien me protegiera, me amara y me consolara. Dave hizo todo eso y mucho más. Pero él no tenía ni idea de que había otra parte de mi personalidad, un aspecto que yo escondía muy bien.

Capítulo 18

HORA DE CONFESIÓN

—¿Dave, mi amor, me escuchas? —pregunté, notando que parecía distraído. Típicamente era muy atento, pero durante los últimos dos o tres días parecía pensativo. Inmediatamente mis inseguridades me atacaron y traté de imaginar lo que estaba contemplando. Intenté convencerme de que solo le preocupaba algo conectado con su próximo viaje de negocios a Florida, pero en mi corazón me preguntaba si Dave empezaba a tener dudas sobre nuestra relación. Este hombre era demasiado bueno para mí, de todos modos.

Aunque no llevábamos mucho tiempo saliendo, yo podía ver que algo había cambiado y me dio nervios. Decidí investigar un poco.

—¿Qué pasa? —le pregunté—. ¿Hubo algún problema con la transacción en Florida?

Dave no respondió directamente a la pregunta y trató de darme una sonrisa amable, pero su respuesta, en el mejor de los casos, fue evasiva. Aunque hacía un poco más de tres meses que salíamos, Dave ya les había pedido permiso a mis padres para casarse conmigo. Aunque yo sabía que él tomaba muy en serio nuestra relación, también sabía que probablemente no daríamos el último paso que llevaría al matrimonio hasta unos meses después. Podía ver que Dave no quería hablar más sobre el asunto, así que no le hice más preguntas. Pero durante los próximos días no podía evitar esa duda irritante y persistente.

—Hola, cariño, he llegado —anunció él cuando me llamó por teléfono—. ¿Puedes pasar a verme después de clase? Te he extrañado.

Aunque su viaje solo duró tres días, yo lo había extrañado también. Sin embargo, entre la agobiante preocupación que había permanecido y los muchos proyectos que tenía que atender antes de graduarme, respondí de una forma un poco seca, inventando una excusa para no verlo.

Me sentí muy mal cuando escuché la decepción en la voz de Dave. Él me había tratado muy, muy bien.

Cambié de idea repentinamente, y respondí —Bueno, ahora que lo pienso, solo dime cuándo.

Todavía me sentía un poco mal, así que pasé por la panadería por un pan de canela que le gustaba mucho a Dave, y luego me dirigí a su casa. Pero cuando llegué, de repente me sentí irritada como cuando hablamos por teléfono. La casa estaba totalmente oscura y parecía que Dave no estaba.

«Espero no haber hecho el viaje de veinticinco minutos en vano», pensé al cerrar la puerta del carro. Me arreglé el vestido y caminé hacia la puerta, pero sentía que se me iba la paciencia por el montón de trabajo que quedaba por hacer.

Cuando toqué el timbre, oí que hizo ecos en la casa y luego hubo un silencio. Toqué otra vez, un poco frustrada, pero todavía nadie respondió. Estaba a punto de irme cuando Dave abrió la puerta. Cuando me saludó, de repente me puse nerviosa. Algo estaba mal. En su profesión, Dave vestía generalmente ropa casual, pero ahora llevaba puesto un traje. Nunca lo había visto vestido de forma tan elegante antes, y me pregunté por qué.

«Quizás tiene que ir a un entierro», pensé. Se inclinó para darme un beso.

—Te traigo tu pan favorito —dije, y se lo pasé—. Lamento mi tono seco antes por teléfono. Creo que estoy un poco estresada por los exámenes finales. —De veras, yo estaba feliz de estar con él de nuevo.

—Entra, por favor —respondió Dave en tono serio, manteniendo abierta la puerta para dejarme pasar.

Entrando en la casa, observé una hermosa mesa pequeña en la sala, cubierta de un mantel con motivos florales. La luz de dos velas largas y delgadas bailaba en las paredes, creando un ambiente romántico y cálido. Se podía escuchar música clásica a bajo volumen mientras Dave me guiaba a la mesa, donde vi una cajita de color durazno.

—Abre la caja, Jennifer —dijo.

Las manos me temblaban al tomar la caja. Se me ocurrió que a lo mejor no se trataba de una selección de chocolates. Por dentro, había una linda taza de café, cuya tapa llevaba el mensaje «Nuestro amor es para siempre».

—Abre la taza —siguió, mirándome fijamente.

Cuando levanté la tapa, Dave se arrodilló. Dentro de la taza, había otra caja pequeña. Cuando abrí la caja, las piedras preciosas reflejaban la luz de las velas.

—¿Me harías el honor de ser mi esposa? —preguntó Dave, con lágrimas en los ojos.

—¡Sí! —grité, sin vacilar, rompiendo la calma del momento.

Levantándose, Dave me levantó en sus brazos y me dio un giro.

—Gracias —susurró, y me besó en los labios.

En Florida, Dave había mandado que una joyería exclusiva fabricara un anillo especial con un diamante de dos quilates. Fue la joya más grande y más espléndida que jamás había visto. Levanté la mano para ver el anillo más de cerca. La realidad del momento parecía un cuento de hadas, cuando consideré dónde me había criado. Era de una granja donde vendíamos tabaco para comprar nuestra ropa de escuela. Mi papá siempre había tenido dos trabajos. Aunque siempre había dicho que quería salir con chicos adinerados, la realidad de lo que me sucedía sobrepasó todas mis esperanzas. ¡No podía creer que esto me pasara realmente! Cuando me acosté más tarde esa noche, mi gozo se esfumó ante la idea de la obligación pesada que me correspondía. Dave tenía que saber la verdad sobre mi pasado, o por lo menos una parte. Contemplando lo que iba a decirle, me preguntaba cómo respondería él al enterarse del tipo de mujer con la que se iba a casar. Decidí demorar la conversación lo más posible, pero sabía que tarde o temprano, tendría que decirle.

—Dave, tenemos que hablar —le dije, sentados en el sofá de su sala.

Hacía casi tres semanas que me propuso matrimonio. Cada noche desde entonces, yo había imaginado esta conversación, con diferentes resultados. No tenía ni idea de cómo él reaccionaría con lo que iba a compartir con él. Cuando volteó la cabeza para prestarme toda su atención, vi la curiosidad en sus ojos. Antes de convencerme de postergar otra vez la conversación inevitable, empecé.

—Durante la mayoría de mi niñez, desde los siete años, mi cuñado Joe me abusaba sexualmente —dije en una voz monótona—. Solo pensé que deberías saberlo. —Terminé rápidamente mi discurso preparado y esperé su respuesta. Me quedé profundamente sorprendida.

Dave bajó la cabeza y empezó a llorar, lamentando mi inocencia perdida. Por varios momentos, sus sollozos fueron el único sonido en el cuarto. Cuando por fin logró hablar, no me condenó en lo más mínimo.

—Mi vida, odio que sufrieras todo eso —dijo finalmente, abrazándome de una forma protectora. Pero en vez de consolarme, sus palabras me dejaron consternada.

—Ya lo superé. Sólo quería que lo supieras —dije, alejándole con las manos.

Años más tarde, recordando esa conversación, Dave dijo que fue como si estuviera hablando con una estatua. Yo estaba tan fría como la piedra. En aquel momento, mientras Dave permanecía sentado, llorando de tristeza, yo pensaba «Estoy bien, supéralo. Yo lo he superado». Las murallas alrededor de mi corazón habían formado una fortaleza. Mi actitud indiferente y fría sobre este asunto debería haber sido una gran señal de alarma para mi futuro esposo.

Al contrario de mi declaración, no había superado mi pasado para nada, sino que me había afectado a lo largo de mi vida. Equivocadamente, creí que, ya que había llegado mi príncipe azul, disfrutaría de su protección y no tendría que tratar las heridas de mi niñez que nunca habían sanado.

Durante los próximos años, nos olvidamos del asunto. Yo estaba agradecida de que Dave nunca volviera a mencionarlo. Pero como un virus latente, solo esperaba un catalizador para volver a activarse.

Capítulo 19

EL PASADO VOLVIÓ
A PERSEGUIRME

Hacia un año después de que Dave me propuso matrimonio, y después de que terminé un semestre como maestra asistente para completar mi licenciatura, nos casamos en el centro de Wilmington (Carolina del Norte) en una hermosa iglesia católica que tenía una historia muy rica. La boda fue al mediodía, y mi vestido hermoso y el esmoquin negro de Dave se veían espectaculares en el inmenso santuario.

A pesar de mi actitud fría al revelar mi pasado, la relación había continuado. Dave nunca insistió en que yo le diera más detalles y su opinión de mí no cambió. Cuando estaba con él, me sentía como la mujer más especial del mundo. Por primera vez en mi vida, finalmente me sentía segura.

Sin embargo, dado que nunca había enfrentado los efectos del abuso que había sufrido durante mi vida, era inevitable que la fachada de nuestra unión feliz empezara a desintegrarse, y que el presente chocara con el pasado.

—¡Despiértate! Estás bien, Jennifer —repetía Dave, mientras me sacudía suavemente, intentando despertarme de la pesadilla familiar. No fue la primera vez que nuestro sueño fue interrumpido por las imágenes inquietantes de mi niñez que invadían mis sueños.

Mi corazón empezó a calmarse, mis ojos se ajustaron a la oscuridad, y caí en la cuenta de que, por lo menos por ahora, los demonios del pasado habían desaparecido.

—¿Estás bien? —preguntó Dave, con un tono preocupado.

—Claro que estoy bien —respondí bruscamente. Todavía no quería darle acceso a esas áreas heridas de mi alma interior.

Siempre había asociado la noche con el terror. De niña, no le tenía miedo al monstruo debajo de la cama, sino al que iba a entrar por la puerta de mi dormitorio. Como adulta, me acosaban las imágenes terribles del pasado y los temores sobre el futuro. Aun cuando dormía, alguna parte de mi mente estaba siempre en máxima alerta, lo cual a lo mejor me hacía más vulnerable a las pesadillas constantes.

Ahora, aunque estaba casada y tenía casi treinta años, todavía era una niñita por dentro, pidiendo a gritos que me socorrieran. Años después, cuando empecé mi camino hacia la sanidad emocional, el Señor tuvo que sanar, poco a poco, muchas heridas emocionales de mi pasado. Se necesitaba el poder del Espíritu Santo para eliminar el terror de los recuerdos horrorosos: chirridos del piso que me despertaban; el olor desagradable a cerveza; manos que me manoseaban. Llevaba mucho tiempo viviendo con el miedo.

Si esto lo describe a Ud., pare ahora mismo y pida que el Señor bendiga sus sueños y le dé paz. Si desea, puede usar esta oración:

Padre,

Pido que me ayudes a dormir tranquilamente y que me des sueños dulces. Ayúdame para que cuando me despierte, me sienta sano, contento, y descansado, porque no me has dado un espíritu de timidez, sino de poder, de amor y de dominio propio. Sé que Tú eres un buen Padre que oye mis oraciones y que me vigilas aun cuando duermo. Te agradezco porque las pesadillas ya son algo del pasado y no serán parte de mi futuro.

En el nombre de Jesús, Amén.

A veces ahora, cuando vuelvo a tener pesadillas, recuerdo que puedo aferrarme a la Palabra de Dios, que me da el poder de parar el acoso del enemigo en medio de la noche. Abro mi Biblia al salmo 91 y personalizo varios versículos:

> *Yo habito al abrigo del Altísimo y me acojo a la sombra del Todopoderoso. Yo le digo al Señor: «Tú eres mi refugio, mi fortaleza, el Dios en quien confío». ... No temeré el terror de la noche, ni la flecha que vuela de día. (vss. 1-2, 5)*

Si usted también ha sufrido de pesadillas a causa de su pasado, recomiendo que pase al apéndice que trata del descanso. Allí he incluido varios versículos para la meditación y otra oración para pedir el descanso tranquilo y sueños dulces.

Otra área con la que tuve que lidiar en los primeros años de nuestro matrimonio fueron las relaciones íntimas. Para los adultos sobrevivientes del abuso sexual infantil, resulta difícil reconocer que el cuerpo reacciona ahora a la intimidad sexual de una forma distorsionada y muy diferente de lo que tenía pensado Dios originalmente. El cuerpo de las víctimas del abuso ha sido programado desde una edad muy temprana para responder sexualmente. Aun durante el abuso, es posible que un niño experimente el clímax sexual; esto pervierte la belleza de la voluntad de Dios para la sexualidad.

Tuve que pasar años renovando mi mente antes de gozar realmente de la unión sexual con mi esposo, sin que me lo impidieran los recuerdos que quedaron estampados en mi mente cuando era niña. Recuerdo que una noche, después de que Dave y yo tuvimos intimidad sexual, lloré durante horas. Esta vez, no fueron lágrimas de dolor sino de alegría. Esa noche, por primera vez en mi vida, vi la sexualidad como un acto honrado y no como la reacción pervertida de mi cuerpo al toque de un hombre. Entré en el matrimonio programada para cumplir con los deseos sexuales de un hombre. Nunca entendí verdaderamente lo que significaba «hacer el amor» hasta que tenía treinta y un años y permití que Dios eliminara de mi mente y mi corazón las perspectivas distorsionadas sobre el amor y el sexo que se habían implantado allí. He incluido una sección en el apéndice que trata de la intimidad sexual en el matrimonio, por si usted ha tenido retos en esa área.

Si usted me hubiera preguntado sobre los niños cuando Dave y yo estábamos recién casados, habría dicho que no quería tener hijos. Creo que en mi mente disfuncional, pensaba que así podía proteger a nuestros hijos de los horrores que sufrí. Me encantaba estar casada y estaba perfectamente contenta como la esposa de Dave. Creía que eso era suficiente. Aunque sabía que él quería tener hijos, nunca me presionó para que reconsiderara la decisión.

Luego, un día en el supermercado, pasé sin querer por la sección de artículos para bebés, y todo cambió. Los estantes llenos de pañales, comida de bebé, y los preciosos vasitos para niños me conmovieron profundamente. De repente tuve que confesar algo que traté de negar durante mucho tiempo: quería un bebé.

—¿Quieres tener hijos? —le pregunté esa noche durante la cena.

La sorpresa estaba evidente en el rostro de Dave, pero respondió inmediatamente.

—Me encantaría —contestó.

La consejería prematrimonial de la Iglesia Católica había sido de provecho en varias áreas, y ésta fue una: empezamos a observar con cuidado los ritmos de mi ciclo mensual para calcular el momento más oportuno para concebir. Dentro de unas semanas, me antojaban las hamburguesas con queso a la hora de desayunar.

Pasábamos tiempo con los padres de Dave en Pennsylvania cuando una prueba de embarazo que compré sin receta confirmó lo que ya sentía en mi cuerpo. Salí de uno de los eventos familiares y fui a una tienda de regalos, contemplando cómo compartiría las noticias con Dave.

Pasando por los pasillos de mercancía, me fijé en dos artículos en particular. Sonriendo, los llevé a la caja, sabiendo que me ayudarían a hacer el anuncio perfectamente. Acabada la transacción, pedí que el dependiente envolviera los dos artículos por separado.

Después, cuando Dave y yo estábamos solos, pedí que me acompañara al patio del hotel elegante donde nos alojábamos. Hacía muy buen tiempo y contemplamos el terreno bien mantenido del hotel, y más allá las montañas que formaban el horizonte. El ambiente era perfecto.

—Tengo dos regalos para ti —le dije sonriendo y le pasé el primer paquete.

Por dentro había una estatuilla de Precious Moments que representaba una madre con dos hijos. Dave pareció apreciar el regalo, pero vi que no captó el mensaje que esperaba comunicarle. El próximo regalo fue más explícito.

—¡No me digas! —exclamó Dave al levantar los zapatitos de bebé. Asentí con la cabeza y luego la sorpresa de Dave se convirtió en alegría y luego en preocupación. Ante mis ojos, Dave se transformó al instante en el padre nervioso.

—Siéntate, siéntate, Jennifer —exclamó, tomándome de la mano. Como Dave había resultado un marido ideal, sabía que iba a ser un padre maravilloso también. Solo deseaba tener esa misma confianza en mí misma.

Durante los próximos ocho meses, comí todo lo que quería, cuando lo quería. Sesenta libras después, tras dar a luz a un hermoso niño de diez libras, lamentaba mi falta de autocontrol. Pero nada pudo quitarnos el gozo que nuestro hijo recién nacido nos brindó.

Las dos familias llegaron al hospital al recibir las noticias de la llegada de David Kostyal, junior. Fue un evento alegre. Dave lloró tanto que daba la impresión que fue él que había dado a luz. Después, una de las enfermeras tuvo que recordarle que la mamá también necesitaba un poco de tiempo para cargar al bebé.

Tenía un interés fanático en el cuidado de los bebés; tanto antes como después de dar a luz, leí todo lo que podía: cualquier cosa que me enseñara a ser una buena madre. No tenía ni idea de que todos los libros en el mundo no podían prepararme para lo que sucedió después.

Los sicólogos sugieren que, cuando no superamos los eventos dolorosos del pasado, vuelven a manifestarse de alguna forma durante un tiempo de crisis o de cambio significativo. Es por eso que los eventos importantes, hasta los eventos felices como una boda, mudarse de casa, un nuevo trabajo, o el nacimiento de un hijo, pueden provocar un colapso emocional. Eso fue lo que pasó en mi caso.

Nuestro hijo David tenía apenas dos o tres días cuando Dave vino al hospital para llevarnos a casa. Tenía miedo de encargarme de cuidar sola a nuestro hijo, sin la ayuda de las enfermeras.

Dave siempre era un esposo cariñoso y considerado, así que llevó el carro a la salida para que yo no tuviera que caminar más de lo necesario. Nos despedimos del personal y luego Dave me tomó del brazo y me llevó al carro, ayudándome a sostener a nuestro precioso bebé.

Era marzo y hacía frio cuando coloqué a nuestro hijo en su asiento y me acomodé en el mío.

—Dave, hace demasiado frío aquí para David. ¿Pudieras calentar el carro, por favor?

Al instante, Dave ajustó el termostato. En unos pocos minutos, el vehículo había calentado mucho, pero ahora me parecía que hacía demasiado calor para el bebé.

—¡Dave, tienes que arreglar la calefacción! —exclamé, con frustración muy exagerada. Por todo el viaje a casa, seguí ajustando la temperatura, dirigiendo el torrente de mi enojo hacia Dave. Dar a luz resultó ser el catalizador que activó todas las heridas de mi pasado. Me veía obligada a proporcionarle a nuestro hijo la seguridad y la protección que creía que no recibí. No quería que mi hijo tuviera nada menos que un mundo perfecto.

Capítulo 20

UNA CRISIS EN EL HORIZONTE

—Tranquila, Jennifer —dijo mi mamá en un tono callado pero autoritativo, al entrar en la habitación donde yo trataba inútilmente de lograr que el bebé se calmara. En una sola frase, había diagnosticado mi precario estado mental, y luego tomó el bebé de mis brazos.

—¡Haz que se calle! ¡Solo cállalo! —supliqué irracionalmente, agobiada finalmente por la frustración ante una situación que no podía controlar. Por primera vez en mi vida, comprendí lo que empuja quizás a algunos padres a sacudir a sus bebés.

Desde el momento que lo trajimos del hospital a la casa, David había sufrido de cólicos. Puesto que lloraba sin cesar, yo estaba muy estresada y mi cuerpo estaba totalmente agotado. Afortunadamente, mamá vino a quedarse con nosotros por un tiempo después de su nacimiento, pero aun con su ayuda, yo no respondía bien a la situación.

Durante los largos episodios de llanto, hice todo lo posible para que David se calmara: paseaba por la casa llevándolo en mis brazos, lo abrazaba, y le daba palmaditas en la espalda. Me venían a la mente imágenes raras y aterradoras de cómo podía callarlo de una vez por todas. Meneaba la cabeza tratando de borrar las imágenes desagradables de mi mente, pero no pude eliminarlas completamente. Me daban mucho miedo, pero me asombraba la idea de compartirlas con alguien que pudiera ayudarme.

Finalmente, después de tres meses, los cólicos se terminaron y David entró en una rutina más normal. Como las imágenes espantosas terminaron también, no hice caso de lo sucedido y me dediqué a ser la mejor madre posible. Pero el equilibrio pacífico de nuestro hogar ya había cambiado de una forma sutil. Antes del nacimiento de nuestro hijo, Dave había recibido toda mi atención. Ahora, me enfoqué exclusivamente en mi hijo. Él era mi mundo entero.

Si David se despertaba a la 1:00 a.m. y quería jugar, me levantaba y jugaba con él. Luego volvíamos a dormir hasta el mediodía.

Mi dedicación excesiva por hacer todo lo que quería nuestro hijo fue una indicación clara que había perdido el equilibrio y necesitaba ayuda. Pero mi madre fue la única que lo reconoció.

—Jennifer, deja que llore hasta que vuelva a dormirse por su propia cuenta. Eres demasiado intensa —me dijo, intentando introducir un poco de equilibrio en mi estilo de cuidar al bebé—. No puedes dejar que el bebé dicte de esta forma tu horario.

¿Cómo podía alguien entender la tensión que crecía en mi corazón?

—Solo quiero que mi hijo esté feliz —respondí, segura de que hacía todo correctamente.

No hice caso de su consejo y seguí leyendo mis libros sobre la crianza de los hijos, resuelta que ningún tipo de riesgo o peligro iba a afectar a mi hijo.

Era natural que mi devoción desequilibrada a nuestro hijo causara una división entre Dave y yo.

—No me prestas atención para nada —dijo una noche, al regresar a casa después de un día largo de trabajo. La casa estaba hecha un desastre, yo no había preparado la cena, y además había una ausencia total de actividad en nuestro dormitorio desde el nacimiento de David. Era justo que Dave se sintiera frustrado, pero respondí con enojo.

—Este bebé no puede hacer nada por sí mismo. ¿Qué quieres que haga? —pregunté con un tono defensivo. Por más que se quejaba Dave, más me esforzaba para ser la «madre perfecta». Y él pasaba cada vez más tiempo en la oficina. Solo llevábamos dos años de casados en ese momento. Por fuera, parecía que teníamos el matrimonio perfecto, pero las señales de peligro se incrementaban rápidamente. Por nuestro dolor individual, no hicimos caso a las señales de advertencia —hasta que una crisis grave estalló al nacer nuestro segundo hijo.

David tenía quince meses cuando apareció en mi corazón el deseo de tener otro hijo. Lo que empezó como una mera idea que contemplaba se transformó en un fuerte deseo que me impulsó a hablarle a Dave. Nuestra relación todavía sufría por el estrés mientras luchaba para encontrar un equilibrio entre todas mis responsabilidades como esposa y madre. Por eso, esperé lo más posible antes de hablarle a Dave, temiendo una respuesta negativa.

—Me encantaría tener la casa llena de niños, Jennifer —me respondió Dave cuando le propuse la idea una noche. Siempre me maravillaba del carácter de Dave. A pesar de todas las dificultades de los últimos meses, él siempre era cariñoso y perdonador. A veces, ya sea por el cansancio o por mi dolor emocional, le molesté con una serie de discusiones irracionales, introduciendo conflicto en nuestro matrimonio. Pero Dave se negó a responder de la misma manera, siempre escogiendo el mejor camino para restaurar la paz.

Quizás Dave quería tener muchos hijos, pero en mi corazón sabía que solo podría con dos —y el próximo tendría que ser niña.

—Jennifer, podría ser niño —repitió Dave, como lo había hecho muchas veces durante el embarazo, esperando evitar que me decepcionara. En el hospital entre las contracciones, miraba diferentes pasajes en mi Biblia, intentando decidir entre las dos formas de deletrear el nombre de Rebeca en inglés —vacilaba entre el «Rebecca» del Antiguo Testamento y el «Rebekah» del Nuevo Testamento.

—Cariño, ¿cuál de los dos deletreos prefieres? —pregunté, haciendo caso omiso de su comentario.

Por los últimos nueves meses, habíamos trabajado para preparar a David junior, y también para preparar nuestros propios corazones para un nuevo miembro de la familia. Leyendo cuidadosamente los libros recién publicados sobre la crianza de los hijos, adopté sus sugerencias: compré regalos para David de parte de su nuevo hermanito, y también incluí a David en algunas de las citas médicas y otros preparativos. El segundo embarazo pareció pasar volando.

—¡Felicidades! —dijo el doctor Mason, tomando finalmente la nena en sus manos—. ¡Es una niña!

Ya podía imaginar cómo iba a divertirme vistiendo a nuestra nueva hija en vestidos rosados con adornos. Dave sabía exactamente lo que yo contemplaba.

—Genial, ahora puedes dejar de comprar ropa tan delicada para mi hijo —comentó bromeando. Se refería a mi hábito de vestir a David en pantalones cortos de terciopelo, bufandas, y otras prendas de ropa menos masculinas.

Los dos lloramos cuando tomamos a nuestra hija en los brazos.

—Es tan hermosa, Jennifer —dijo Dave, tocando sus finos deditos—. Me da miedo cargarla, porque se mira tan frágil.

Pesaba dos libras menos que su hermano al nacer, así que Rebekah sí parecía muy pequeña. Al abrazarla, mis ojos se llenaron de lágrimas. No sabía que el futuro me provocaría muchas lágrimas más; pero no serían lágrimas de felicidad.

Capítulo 21

PERDIENDO EL CONTROL

Mi transformación probablemente le confundió más al pequeño David, cuando llegó a estar muy claro que la mamá que entró en el hospital para dar a luz no fue igual a la mamá que regresó.

—Mamá está demasiado cansada para jugar ahora, mi vida —respondí, cuando David tiró su camión de juguete hacia el sofá, donde yo estaba sentada con Rebekah. Aunque no sufrió de cólicos como David, parecía que cuidarla requería toda mi atención cada día. Por eso, no tenía energía ni ganas de jugar con David, y menos energía aún para mi esposo.

Unos meses antes de que naciera Rebekah, empezamos a construir una casa nueva. Habían completado la mayoría del trabajo en una estructura separada que sería una oficina comercial para Dave. Ahora, vivíamos en esa oficina mientras los obreros empezaban la construcción de la casa.

Un día, acosté a Rebekah en la cama en nuestro dormitorio y luego me acosté a su lado. Unos minutos después, David entró con su camión de juguete, deseoso de jugar. Había llegado a ser uno de sus juguetes favoritos e imaginaba hacer el trabajo que su padre supervisaba. Le encantaba tumbar los troncos de plástico del camión. Recogiendo uno de los tronquitos, hizo lo que cualquier niñito podría haber hecho, y pegó a Rebekah con el tronquito. La nena empezó a llorar. En seguida salté de la cama, le agarré a David del brazo y le pegué en las piernas. Yo estaba totalmente fuera de control. Afortunadamente, Dave estaba en casa y entró en el cuarto para rescatar a nuestro hijo.

Supe en ese momento que no era normal, pero tenía demasiado miedo para aceptarlo. El momento que David pegó a Rebekah, se provocó una respuesta emocional muy profunda en mi corazón. En mi mente atormentada, estaba luchando por fin contra todos los ataques que sufrí cuando era niña. Iba a proteger a esta nena como no me protegieron a mí. Yo estaba enferma.

Dentro de unos días, Dave contrató a una niñera para que viniera a nuestra casa y nos ayudara cinco días a la semana mientras él estaba en la oficina, tanto para mi salud como para la protección de David. Desde entonces, otra persona se encargaba de cuidar a David y a la nena, así que no hacía nada más que amamantar a Rebekah y descansar.

Habría sido lógico que recuperara pronto mis fuerzas y que volviera a asumir las responsabilidades del hogar. Pero, aunque tenía menos responsabilidades físicas, mi mente no descansaba nunca —no podía escaparme de los recuerdos dolorosos, y a la vez temía que esas mismas escenas volvieran a repetirse de alguna forma en el futuro.

Buscando cualquier cosa que me ayudara a romper los ciclos negativos de mis meditaciones, Dave sugirió que diéramos un paseo en carro en el campo. Era un sábado hermoso de otoño: los días refrescaban y las hojas empezaban a cambiar de color. Dave abrochó los cinturones de seguridad de los asientos de carro de los chicos, y salimos para disfrutar el aire fresco. Me sorprendió cuando llegamos a la pequeña casa de madera en la finca de mis padres, donde ahora vivían Joe y Sue; empecé a temblar.

—¿Por qué estamos aquí? —pregunté. Sentí una oleada de náusea cuando vi la casa del hombre que aparecía y me atormentaba en mis sueños.

—Lo siento mucho, mi amor —dijo Dave a modo de disculpa—. Tu hermana hizo algo especial para la nena y yo pensaba que te gustaría verla. No pensé en Joe.

De mala gana me bajé del carro, muy nerviosa. Dave llevó a Rebekah y le tomé a David de la mano y llevé la bolsa de pañales. Cuando llegamos a la puerta, me quedé un poco detrás de Dave, esperando que me protegiera de lo que había dentro. No me di cuenta de que me aguantaba la respiración hasta que Sue abrió la puerta. Hacía mucho tiempo que no veía a mi hermana y me di cuenta de que la había extrañado mucho.

Al entrar en la sala, miré el sillón donde se sentaba generalmente Joe. Cuando volteó la cabeza para vernos, me dio escalofríos y tuve que hacer un esfuerzo para no huir.

—Jenny, me da mucho gusto verte —dijo Sue, y me dio un abrazo fuerte—. ¡David está tan grande! ¡Y Rebekah es hermosísima!

En cualquier otro contexto, me habrían encantado sus cumplidos, pero en la presencia de mi abusador solo sentía rabia y miedo.

Dave me tomó de la mano mientras Sue nos guiaba al sofá, y luego ella salió para buscar el regalo que había hecho con sus propias manos. Mantenía mis ojos puestos en Rebekah y David, enfocándome en sus necesidades para no tener que hablar con Joe. Me sentía como una osa vigilando un animal peligroso que podría atacar en cualquier momento mis posesiones más preciosas: mis hijos.

En un par de minutos, Sue volvió con su regalo: una hermosa colcha hecha a mano. La había hecho de trozos de tela de los más hermosos tonos de azul, verde y rosa. Por el diseño intricado y cosido a mano, pude ver que Sue había dedicado meses a este proyecto. Era bellísimo. Mientras abrazaba a Sue, eché un vistazo a Joe. Lo pesqué mirando a Rebekah de una forma extraña que me dio asco.

—Tenemos que irnos ahora mismo —le dije a Dave, agarrando rápidamente la colcha, la bolsa de pañales y la mano de David. Salí mientras Dave le pedía disculpas a Sue y se despedía de ella. Para cuando él nos alcanzó en el carro, yo estaba llorando descontroladamente.

—¡Él nunca la va a lastimar! ¡No va a tocar a mi hija nunca! —dije repetidas veces.

Mientras retrocedíamos hacia la calle, parecía que mi gozo de ser madre se extinguía. Dave había esperado que el paseo de esa tarde ayudara a aliviar mi depresión, pero solo me empujó hacia un valle emocional del cual no creía poder escaparme.

Las mujeres que han sido abusadas solo quieren olvidarlo. A veces logran engañarse, convenciéndose de que nunca pasó. Pero tener una hija me recordó todo el abuso que sufrí. En algunas ocasiones, solo al cambiarle el pañal a Rebekah me sentía abrumada por los recuerdos de mi propio abuso.

Recuerdo que le susurré una vez —Moriría antes de dejar que algo así te pasara, cariño.

No sabía que mientras mi estado de ánimo seguía deteriorándose, me sentiría obligada a tomar medidas para proteger a mis hijos de su protectora más dedicada—de mí misma.

Estoy segura de que los sicólogos dirían que sufría de la depresión posparto, y no niego que esto es un trastorno muy serio. Pero en mi caso, la depresión y el miedo habían empezado muchos años antes, cuando aprendí a usar el alcohol para insensibilizar mi mente y para superar el día. La raíz era mucho más profunda de lo que pensábamos.

Mientras yo me empeoraba, Dave hacía todo lo posible para compensar las responsabilidades que ya no podía asumir. Además de la niñera, contrató a una criada para limpiar la casa, y trataba de estar en casa lo más posible cuando ellas no estaban, para ayudarme con los niños. Pero nada podía calmar la angustia constante.

Las menores ofensas me enfurecían y dormía cada vez menos. Las pesadillas aumentaban y mi estabilidad mental y física casi desapareció.

Rebekah tenía seis meses cuando completaron la construcción de nuestra casa nueva. Estábamos emocionados porque pudimos dejar el espacio limitado de la oficina separada; así, David tendría su propia habitación y además habría espacio suficiente para los juguetes que él y Rebekah acumulaban.

Dave trabajó muy duro para que yo estuviera contenta en nuestro nuevo hogar. Pedimos muebles nuevos para toda la casa. Además, algunos de los diseñadores más respetados de la ciudad habían ayudado a transformar nuestro hogar en algo que se vería en una revista de diseño de interiores. El empapelado, las cortinas y los muebles eran muy elegantes y se complementaban maravillosamente. Pero no pudieron calmar el dolor de las heridas que no habían sanado y que me inquietaban cada noche cuando me acostaba.

—¡Por favor, ayúdame! —supliqué una noche, después de despertar a Dave con una palmada en el pecho. Era común que lo despertara tres o cuatro veces cada noche, luchando contra un enemigo que él no podía ver y no sabía derrotar.

—Cariño, te amo —respondió repetidas veces, tratando de calmar mi corazón y el terror que veía en mis ojos—. Todo va a estar bien.

Dave fue la personificación de la paciencia. Pocos hombres habrían podido con la locura de nuestra vida en ese tiempo. Esa noche, mientras me abrazaba y me acariciaba el pelo, por fin volví a dormirme. Pero no nos dimos cuenta de que el veneno del pasado me había afectado tan gravemente.

Aun durante el día, era cada vez más difícil desempeñar mis tareas normales. Tuve que dejar de leer los libros sobre el cuidado de los hijos porque ya no podía enfocarme en las palabras que leía. Un día, hacía las compras en un supermercado con los niños cuando un señor amable se acercó al carrito de compras y le dio a David una palmadita afectuosa en la cabeza.

—¿Cuánto costaría comprarle estos niños? —preguntó sonriendo, elogiando a David y Rebekah.

Pero en mi mente enloquecida, su simple comentario representaba una amenaza. Cuando él se alejó de nosotros, salí disparada del supermercado con el corazón palpitando a galope. Abandonando el carrito de compras en el estacionamiento, volví a casa lo más rápido posible, impulsada por el pánico irracional. Estaba perdiendo el control y no sabía qué hacer para evitarlo.

Capítulo 22

LLEGANDO A MI LÍMITE

Mientras mi estado mental seguía empeorándose, me volví más aislada, evitando hacer las compras y entrar en otras situaciones que podrían provocar el pánico. Pero entre más que me aislaba, más inquieto se volvía David, buscando el consuelo que yo le daba antes como su mamá y compañera de juego.

David era un muchacho inteligente, con la energía típica de un niño de dos años, pero tarde o temprano su movimiento constante me volvía furiosa.

—Mami, ven a jugar conmigo —suplicaba a lo largo del día.

Me parecía imposible encontrar la energía para jugar con mi hijo y cuando se alejaba con los hombros caídos de tristeza, me sentía muy culpable.

Esos días eran un infierno. El enojo que llevaba dentro me había convertido en un volcán que explotaba sin previo aviso, lanzando mi ira hacia mi hijo. Después, suplicaba que me perdonara por perder la paciencia, pero había llegado a ser lo mismo que aborrecía tanto: una abusadora.

Ese entendimiento fue lo que me empujó finalmente al borde y me obligó a buscar ayuda.

Cuando me casé con Dave, creía que el dolor del abuso y todos sus efectos iban a desaparecer. Creía que casarme transformaría mi alma como por arte de magia y que sería una esposa y madre maravillosa. Mi sueño se venía abajo más rápido de lo que habría imaginado. Tuve en enfrentar la realidad.

Por el estado constante de estrés emocional y la falta de sueño, mi salud mental y emocional empeoraba aún más. Hablaba con dificultad y perdí totalmente la habilidad de razonar. Lo único que podía contemplar era poner fin a las imágenes terribles que atormentaban mi mente sin cesar. Dave observaba que mi condición se deterioraba, pero no podía hacer nada para ayudarme. Mi príncipe azul no podía salvarme esta vez, y él lo sabía.

Es importante saber que, si la víctima no supera el abuso, afectará alguna área de su vida más tarde. El resultado es grave. Una de las cosas más difíciles que tuve que hacer jamás fue perdonarme a mí misma. Aunque nunca abusé sexualmente a David, los golpes verbales y físicos que le daba lo dañaron sin duda.

Tuve que llegar a entender que en esos primeros años no era una buena madre. Le doy gracias a Dios porque durante los meses cuando rechazaba a mi propio hijo, tenía un esposo que trabajaba duro para compensar lo que yo no le proporcionaba a David. Todos los días después del trabajo, Dave jugaba con él y lo abrazaba. Le aportaba la seguridad y el consuelo que yo no podía y no sabía cómo dar. Dave nunca me criticó delante de los niños. Al contrario, siempre reafirmaba que mamá iba a estar bien, aunque por lo visto eso parecía imposible.

Ya que he sanado finalmente, puedo alabar a Dios porque durante esa época terriblemente oscura, llegué a entender que no podía más con el dolor. Aunque Dave me había buscado terapia psicológica cristiana, todavía era una muy buena actriz. Y aunque mi terapeuta sí me ayudó, yo tenía demasiado miedo de revelar la profundidad del terror e ira que experimentaba en casa.

Durante los últimos años, cuando he compartido mi historia, mucha gente me ha preguntado si tomaba medicamentos para controlar la depresión y los ataques de pánico. La respuesta es no.

En realidad, estaba tan aturdida que ni siquiera me di cuenta de que me hacía falta.

Cuando busqué una solución dentro del sistema religioso de mis padres, me animaron a superarlo por mi propio esfuerzo y reconocer que tenía un esposo, hijos y casa maravillosos. Su mejor consejo fue: «Olvídalo». Nadie me dirigió a la palabra de Dios. Nadie me dijo que Jesús podía sanarme. Sin ninguna esperanza, estaba desesperada por acabar el dolor de una vez por todas.

Por lo general, la criada, Laura, llegaba a las diez de la mañana, ofreciéndome la oportunidad de descansar unas horas mientras ella cuidaba a los niños. Rebekah ahora tenía ocho meses y podía moverse por la casa cada vez más libremente. Ella y David empezaban a jugar juntos. Era una fase de la infancia que la mayoría de las madres consideran muy preciosa, pero para mí, solo estimulaba más el miedo.

Un día en particular, una hora antes de que Laura se marchara, ya me sentía totalmente abrumada en cada área de mi vida. Esto había llegado a ser común. Estaba aterrada de que, cuando Laura se fuera, las imágenes que constantemente inundaban mi mente se volvieran realidad, y que hiciera daño a mis hijos.

Gotas de sudor aparecieron en mi frente mientras mandaba repetidos mensajes para localizar a Dave, pero él no los recibía. Había llegado hasta mi límite emocionalmente y sabía que no podía seguir así.

Mientras pasaba hacia el cuarto de juegos de los niños, los eventos de las últimas semanas seguían reproduciéndose en mi mente. Recordaba todos los incidentes recientes que revelaban mis ofensas y mis defectos como esposa y madre. El peor sucedió unos días antes, cuando David intentó llevar a Rebekah al otro lado del cuarto y sin querer la dejó caer de cabeza.

—¿Qué haces? —grité enfurecida, y lo agarré y le golpeé las piernas hasta dejarlas cubiertas de ronchas. Después de llamar una ambulancia para que vinieran a revisar a Rebekah, le puse rápidamente pantalones a David para que el personal médico no viera lo que le había hecho.

—Mami, te perdono —logró decir entre lágrimas, cuando subió a mi regazo. Yo no merecía el amor de este dulce niño.

Cuando llegué al cuarto de juegos, las voces juguetonas de David y Rebekah me trajeron de nuevo al presente. Meneé la cabeza para borrar las alucinaciones horripilantes de hacer daño a mis hijos—vívidas imágenes de abuso mucho más severo que las palmadas descontroladas que ya le había dado a mi hijo. La intensidad de esas imágenes crecía y estaba llegando a mi límite.

Así que ahora usted entiende todo lo que me llevó a ese día crítico en el que acomodé a mis hijos en su cuarto. En aquel momento, solo buscaba un poco de alivio mientras vagaba por la casa, desorientada. Fue entonces que entré en la sala donde la foto de mis hijos conmigo, con su marco dorado, parecía burlarse de mí desde la pared.

—¡Es una mentira! —grité, cayéndome al suelo, incapaz de soportar el peso del dolor que llenaba cada parte de mi ser.

Más tarde, mi esposo entró en la casa y me encontró sollozando, todavía tendida en el suelo.

—¿Qué pasa, mi amor? —preguntó, corriendo a mi lado.

Según él, lo que dije después lo sacudió hasta la médula.

—Dave, tienes dos opciones. O me das el revólver y me voy al pantano para matarme, o me llevas a un hospital psiquiátrico. ¡Necesito ayuda! —logré decir, totalmente agotada.

Dave ya había pagado mucho dinero por mi terapia psicológica y trataba con todas sus fuerzas de darme todo lo que pudiera desear en cuanto a lo material. Pero no podía hacer nada para librarme de mi mente atormentada.

—¡Dios, ten misericordia de mi esposa! —clamó Dave a un Dios que apenas conocía...y el Dios que lo sabe todo respondió en seguida.

Recuerdo que las lágrimas de Dave caían sobre mi cara cuando de repente la paz nos llenó a los dos. Su clamor desesperado recibió una respuesta.

Una calma que nunca había sentido me inundó mientras Dave seguía abrazándome. Algo había cambiado. Aunque no entendíamos en aquel momento qué había pasado, la intervención divina fue innegable. Esa noche, por primera vez desde hacía meses, logré dormir tranquilamente toda la noche. Mi largo viaje hacia una mente y corazón sanos finalmente había empezado. Pero me quedaba mucho camino por recorrer.

Capítulo 23

RESCATADA DEL PASADO

—Jesús sanó a mi hermana y puede sanarte a ti. —Fue lo primero que dijo nuestra criada cuando hablamos el próximo día. Laura tenía un poco más de treinta años, pelo castaño que le tocaba los hombros y siempre estaba alegre. La habíamos contratado para limpiar la casa, pero cuando Dave tuvo que despedir a la niñera unas semanas antes, no habíamos encontrado a nadie que la reemplazara. Con mi estado mental delicado, los dos vimos la importancia de que otra persona me ayudara con los niños. Así que, aunque la contratamos para limpiar la casa, cuando llegaba para su visita semanal, Laura cuidaba a los niños mientras yo hacía la limpieza.

Laura también aceptó cuidar a los niños mientras yo iba a mis sesiones de terapia psicológica. Mi madre y mis hermanas no quisieron ayudarme en esto, porque nuestra iglesia no creía en buscar terapia de afuera. Pero esta dulce mujer fue un ángel en forma humana que Dios nos mandó.

Como una madre de tres hijos, a Laura le encantaba hablar de sus hijos, sus caballos, de algunas de sus actividades normales, y la alegría de la maternidad. Yo anhelaba el tipo de vida que ella describía, pero parecía todavía fuera de mi alcance.

Esa mañana, decidí llamar un número gratuito del ministerio Focus on the Family, al que se podía llamar para solicitar oración. Había oído varias veces en la radio al fundador, James Dobson, y tenía la impresión de que me podrían ayudar. No sabía a qué otro sitio podía recurrir, pero Dios ya tenía un plan.

—Mi hermana también fue abusada sexualmente —me informó Laura, cuando mencioné con vacilación el tema de la llamada que pensaba hacer. Sabía que ella iba a oír la conversación, y creía que hacía falta explicársela.

Me sorprendió mucho lo que ella me dijo. Yo había asistido a la escuela secundaria con su hermana menor y no tenía la menor idea de que ella ni ninguna otra persona había sufrido el mismo abuso horroroso que yo padecí.

—Jesús la sanó y puede sanarte a ti —dijo con una confianza que me llamó la atención.

Fueron precisamente las palabras que esperaba oír durante toda mi vida. Al oírlas, supe que el Jesús al que ella se refería era diferente del de la religión de mis padres. Laura no me dijo que tenía que hacer un montón de cosas antes de que Jesús me sanara. Al contrario, lo describió de una forma tan sencilla.

—¿Quisieras charlar con Sarah? —preguntó—. Estoy segura de que a ella le encantaría hablar contigo.

Asentí al instante con la cabeza, aceptando esta pequeña tabla de salvación. Por teléfono, le abrí mi corazón a la hermana de Laura y compartí toda mi historia con ella. Fue como si no me pudiera contener.

—Yo entiendo —dijo Sarah, en un tono de consuelo—. Necesitas la intervención divina para recuperarte del abuso de esta magnitud.

—¿Qué quieres decir? —respondí con escepticismo.

—¿Tienes tiempo para conocer a una amiga mía? Ella ha orado con muchas mujeres que han experimentado el abuso y entiende la importancia del tipo de oración que se necesita. Ella sabe lo que se requiere para atender estos tipos de heridas profundas.

Aunque no entendía muy bien lo que quería decir, sabía por instinto que era importante que yo diera este paso.

—Estoy desesperada —respondí—. ¿Cuándo puedo ir? Quedamos en que al próximo día por la mañana, yo haría el viaje de dos horas para conocer a su amiga, Florence. Después de colgar, me llenó una paz similar a la de la noche anterior, calmando mi inquietud y confirmando en mi corazón que había tomado la decisión correcta. Ahora solo tenía que convencer a Dave. En ese momento me sentía como si hubiera estado atrapada en una cueva sin luz, y alguien acabara de encender un fósforo. Esa pequeña chispa empezó a iluminar la oscuridad de tal forma que por fin tenía la esperanza de encontrar la salida.

Volviendo a casa esa noche, al entrar compartí las noticias con Dave.

—Creo que puedo ser sanada —le dije, después de describir la conversación de esa mañana—. Por favor, permíteme hacer el viaje mañana —le supliqué—. Necesito conocer a esta mujer que puede orar por mí.

Naturalmente, Dave era muy escéptico. Había visto el fanatismo religioso de la iglesia de mis padres y no estaba seguro de dejarme entrar en una situación tan desconocida. Aunque lo criaron en el catolicismo, Dave me había acompañado fielmente a la iglesia de mis padres desde el momento en que empezamos a salir juntos. Después, confesó que la iglesia le pareció muy rara y la gente deprimida. Pero tenía miedo de decir demasiado, por temor que yo escogiera la iglesia en lugar de él. Para ese tiempo, mi hermano ya había sido ordenado como el pastor, así que rechazar la iglesia significaba rechazar a mi familia.

Yo observaba mientras Dave consideraba nuestras opciones. No se podía negar que algo había ocurrido en mi vida y los dos queríamos que el proceso se llevara a cabo.

—Muy bien —dijo finalmente, asintiendo con la cabeza. Aunque vaciló antes de tomar la decisión, no teníamos otras alternativas.

La próxima mañana, me desperté con un sentido de esperanza.

—Jennifer, ¿estás segura? —preguntó Dave una vez más, mientras me subía al carro. Se veía claramente en su rostro que estaba preocupado tanto por mi salud mental como por mi seguridad física. Guardó silencio al echar una mirada al cielo, notando las nubes que se formaban. Habían emitido una alerta de tornados para nuestra región.

—Cariño, si este Dios me puede sanar, seguramente puede con el clima. Por favor, déjame ir —dije con firmeza, dándole a él y a David un beso de despedida.

—Mami va a estar bien —le dije a mi hijo, al darle un abrazo final. Al decirlo, mi corazón lo confirmó. Sí, yo iba a estar bien.

En la carretera, estaba por fin sola y libre para pensar, así que empecé a prepararme emocionalmente para lo que iba a encontrar durante este tiempo de ministerio; estaba segura de que iba a tener que enfrentar el pasado que había trabajado tanto para olvidar. Durante la mayoría del viaje, contemplé cómo sería llevar una vida normal, libre de preocupaciones. ¿Era posible que pudiera estar finalmente libre de los efectos del pasado? Esa idea llegó a ser una pasión incontenible que me empujaba hacia adelante.

Unas dos horas después, llegué a una hermosa casa blanca de dos pisos en las afueras de Raleigh (Carolina del Norte). Aun antes que me bajara del vehículo, Sarah salió a recibirme. Un gozo contagioso brillaba en su sonrisa cuando se acercó para abrazarme.

—Vaya, Sarah, ¡qué bueno verte! —exclamé mientras nos abrazábamos. La solté y di un paso atrás para verla bien. La característica más notable de mi amiga de la secundaria fueron sus ojos: parecían bailar de alegría, sin manifestar ningún rastro de la tristeza que reconocía en mis propios ojos cada vez que me veía en el espejo. Al mirarla, era difícil creer que hubiera experimentado algo parecido a lo que yo había sufrido. Pero era cierto, un tío la había abusado durante años. La transformación que había ocurrido en ella tenía que ser sobrenatural.

Al entrar en la casa de Sarah, observé que, aunque era más pequeña que la mía, tenía una belleza que la mía no poseía. Sarah era una muy buena decoradora y su casa parecía algo sacado de una revista. Pero había algo más que solo la belleza en esta casa. Se sentía una calidez y una paz que la hacían realmente un hogar.

Charlamos muy poco tiempo antes de que Sarah sugiriera que pasáramos a la casa de Florence. Aunque me gustó ponerme al día con todo lo que había pasado desde que ella y yo nos graduamos de la escuela secundaria hacía diez años, Sarah vio que era urgente atender a mi necesidad de ser ministrada. Durante el viaje corto a la casa de su amiga, me sentía cada vez más tensa. Me sentía tanto emocionada como asustada. No les había dicho a mis padres ni a nadie más en la familia adónde iba. Por instinto, sabía que no les gustaría el camino que yo seguía. Buscar ayuda fuera del «sistema» iba en contra de todo lo que me habían enseñado, pero quedarme en el sistema y seguir como antes me habría llevado a la muerte, si no físicamente, por lo menos por dentro.

Mientras subíamos las escaleras para entrar en la casa de Florence, una voz por dentro empezó a advertirme, «Si entras en esa casa, no sanarás. Vas a volverte loca». Mi respiración aceleraba mientras otras dudas empezaban a asaltar mi mente. No sabía qué hacer.

—Jennifer, vas a estar bien —dijo Sarah. Hoy, te vas a sanar de las heridas de tu pasado.

Pensé para mí misma, «¡Si ella tan solo supiera los millones de pensamientos que van pasando por mi mente!» Quería huir, pero la desesperación me obligó a quedarme.

Al entrar en la casa, noté que tanto Florence como su amiga, que había llegado para ayudarla, tenían unos cincuenta años. Una tenía pelo gris o blanco y la otra tenía pelo oscuro y piel muy morena. Inmediatamente me fijé en que las dos llevaban el pelo corto y tuve que luchar contra todas las doctrinas que me habían enseñado. Las dos también llevaban pantalones. Me preguntaba «¿Cómo pueden ellas ofrecerme ningún conocimiento espiritual?»

Sarah me guio a la mesa en la cocina donde nos sentamos juntas. Al sentarme, me fijé en sus Biblias, pero no dije nada. No tenía ni idea de qué hacer después.

—El Señor dijo que has ayunado para este momento y Él honrará tu ayuno para ser sanada —empezó Florence.

Quedé estupefacta. ¿Cómo pudo saber ella que esa mañana yo había tomado la decisión de no desayunar ni almorzar para prepararme para el día? Al instante, captaron mi atención. Por las próximas seis a ocho horas, las dos mujeres y yo exploramos todos los recuerdos dolorosos de mi pasado, permitiendo que el Espíritu Santo identificara cada incidente de abuso, uno por uno. Parecían entender profundamente mi dolor; reconozco ahora que fue la compasión de Cristo que fluía por sus siervas, pero en aquel momento era algo que nunca había experimentado antes.

Mateo 18:20 dice «donde dos o tres se reúnen en mi nombre, allí estoy yo en medio de ellos». Era inevitable que confiara en esas tres mujeres, porque sentía que la paz de Dios llenó la cocina donde orábamos. Me pareció que Jesús estaba haciendo una cirugía en mi alma herida para aliviar los dolores más profundos de mi corazón, que nunca habían sanado. Aunque estas mujeres hablaban de la Trinidad y se referían a un infierno literal, doctrinas que me enseñaron a rechazar cuando era niña, y aunque me habían dicho que las mujeres que se veían así no podían conocer a Dios, yo no podía negar que el poder de Dios era muy evidente.

Mientras orábamos, clamé a Jesús, y me reveló que Él es un amoroso Salvador, uno que no me lastimaría nunca. Por primera vez en mi vida, lo vi como el hijo de un Dios cariñoso, un Dios que me amó de tal manera que envió a su único hijo para morir por mi sanidad. Ya no me sentía rechazada. Al contrario, me sentía aceptada y reconocí que, a pesar de las palabras de mi abusador, yo no había causado el abuso. Por medio de la obra del Espíritu Santo, entendí que el enemigo, el diablo, había deseado destruir mi vida y casi lo había logrado. Durante las próximas horas, esas mujeres me ayudaron muy cariñosamente a reconocer las pautas, los pensamientos y las estrategias que habían tenido efectos tan destructores en mi vida, exponiéndolos a la luz de la palabra de Dios. Cuando terminamos de orar, tomé la decisión de aceptar a Cristo Jesús como mi Señor y Salvador. ¡Por primera vez comprendí que era en realidad el Hijo de Dios!

Un gozo nos rodeaba mientras seguíamos sentadas a la mesa tranquilas, y sentía que la carga que llevé por tantos años se había caído de mis hombros. En mi corazón, imaginaba ahora que estaba totalmente libre, corriendo por un verde prado con un vestido blanco, gritando «¡Estoy finalmente libre!»

Nunca he sentido tanto amor y tanta paz como en aquel momento. No quería irme por miedo que todo no hubiera sido más que un sueño.

Antes de irnos, una de las mujeres me habló proféticamente: —Vas a ser parte de un movimiento de Dios en el cual las mujeres serán sanadas y serán libradas del abuso de su pasado —declaró.

Me quedé callada, considerando sus palabras. Apenas parecía posible, pero ese día ya había experimentado lo imposible, cuando Dios restauró mi vida.

No veía la hora de volver a la casa de Sarah, para poder llamar a Dave. Ahora, en un dormitorio en el segundo piso para hacer la llamada en privado, esperaba ansiosamente mientras sonaba el teléfono.

—¡He sido sanada! —casi grité en el auricular—. ¡No veo la hora de verte! ¿Cómo está David? Dile que mami lo quiere y no ve la hora de verlo —balbucí, sin dejar que Dave hablara. Podía escuchar el alivio en su voz mientras me preguntaba sobre el día.

—Ya voy a salir y volveré pronto— le dije—. Te cuento todo al llegar.

Entrando de nuevo en la carretera para volver a casa, no tenía ningún miedo de que regresaran la depresión y la enfermedad mental. Fue como si me hubieran quitado la venda de los ojos: todo se miraba tan claro y brillante. Quería compartir este gozo increíble y esta paz con todos, e inmediatamente me vino a la mente mi hermano, ahora el pastor de nuestra iglesia familiar. Volviendo a casa, pasaría casi directamente por su casa, que quedaba a unas pocas millas de la carretera. Solo llevaba una hora y quince minutos disfrutando mi sanidad nueva cuando llegué a su casa. No sabía que, al compartir mis noticias, se iniciaría una serie de eventos y que perdería finalmente toda mi familia biológica.

Capítulo 24

ENFRENTAMIENTO

—Jesús me liberó —seguía repitiendo, sentada en la sala con mi hermano y su esposa, compartiendo con ellos algunos de los eventos principales de mi increíble día. Había esperado que se regocijaran ante mis noticias. Al contario, reaccionaron de la manera que debía haber esperado.

—¿Qué tipo de doctrina cree esa gente? —preguntó Scott, obviamente muy preocupado.

—No sé a cuál iglesia asisten, pero creen en la Biblia. Estoy libre ahora. ¿No es eso evidencia suficiente? —pregunté, un poco ofendida por su pregunta.

Era como un animal cautivo que había sido liberado de repente. Sabía lo que me había pasado y no quería que el escepticismo de mi hermano me obligara a volver a la cautividad. Observaba a Scott y a mi cuñada Tammy mientras hablaba. Se veía en sus rostros que no compartían mi alegría.

Mucho más tarde, supe que Tammy notó al instante que yo había cambiado y estaba feliz a su manera. Pero con el tiempo, ella había aprendido que había límites que no se traspasaban en nuestra familia y se sentía reacia de expresarse.

Aunque la reacción de Scott y Tammy me afectó un poco, estaba resuelta que eso no disminuiría la verdad de lo sucedido. Tenía que hacer otro viaje de cuarenta y cinco minutos para llegar a casa, y estaba muy ansiosa por volver.

Estacioné frente a nuestra hermosa casa, la que antes había
sido mi prisión, y corrí hacia la puerta. Dave y David me estaban esperando. Cuando miré a los ojos de Dave, vi tanto la duda
como la esperanza: «¿Podría ser realmente cierto?»
—Nunca volveré a ser igual que antes, Dave. Jesús me sanó
—exclamé, y nos abrazamos. Luego dirigí mi atención a David,
quien esperaba al lado de su padre como un soldado en posición
de firmes. Me entristecí, pensando en eventos pasados que no
podía cambiar. Nunca más tendría que preocuparse sobre como
respondería yo. Lo levanté en mis brazos y bailé por la sala con él.
—¡Te amo muchísimo, amor! ¡Mami ha regresado por fin!
Dave quedó paralizado con lágrimas en los ojos, mirando
nuestra celebración. Sus peticiones calladas habían sido con-
testadas. Nada menos que un milagro había ocurrido en mi
corazón y lo sabíamos muy bien. Esa noche, yo veía todo en
nuestro hogar como si fuera por primera vez. «Caray, los deco-
radores hicieron un gran trabajo» pensé después, pasando por la
sala y apreciando finalmente hasta los detalles de lo que habían
hecho. Quizás parezca trillado, pero ahora que teníamos a Jesús
en nuestro hogar, todo parecía mejor y más radiante que antes.

Lo primero que hice la próxima mañana fue llamar a mi
madre para compartir los detalles de mi encuentro milagroso.
—Tu hermano ya llamó, Jennifer. Tengo que decirte que todos
estamos un poco preocupados —fue lo único que dijo. La decepción en su voz me entristeció sobremanera. ¿Cómo podían preocuparse cuando el cambio en mi vida era tan obvio?
—Mi amor, tu familia es diferente. Tu iglesia es diferente —
dijo Dave más tarde, eligiendo sus palabras con cuidado—.
Probablemente no deberías compartir con ellos todo lo que has
experimentado —sugirió prudentemente.

La sumisión no me era fácil nunca, sin embargo, y en mi entusiasmo, repetí abiertamente toda mi historia con cada miembro de la familia. En realidad, no podía callar lo que me había sucedido. Quedarme callada era tan imposible como contener las burbujas de una gaseosa al abrirse después de haber sido agitada. Van a salir—y también iba a salir mi testimonio. Cada noche después de que Dave y los chicos se acostaban, pasaba horas leyendo la Biblia para alimentar mi alma hambrienta. Un día, al descubrir Juan 3:16, empecé a llorar:

> *Porque tanto amó Dios al mundo que dio a su Hijo unigénito, para que todo el que cree en él no se pierda, sino que tenga vida eterna.*

¡El evangelio era tan simple! ¿Cómo era posible que durante tantos años hubiera pasado por alto un versículo tan lindo, que constituía el fundamento de la doctrina cristiana?

Dentro de seis meses después de mi conversión, Dave y yo sabíamos que ya no podíamos seguir siendo parte de la iglesia familiar. Mientras más hablaba con mis padres y mis hermanos sobre lo que yo creía ser doctrina falsa, más nerviosos se sentían en mi presencia.

—Cariño, no sé cuánto más podrán aguantar —me advirtió Dave, después de que expresé que tenía que hablarles de la verdad. Todos veíamos claramente que no podíamos seguir así.

Después de treinta y un años, por fin pude reconocer el cautiverio que formaba parte del sistema religioso en el cual nos habían criado. Estaba segura de que, después de hablar con mis familiares, ellos también reconocerían esta verdad. Nunca se me ocurrió que mi revelación tendría un impacto enorme en la estructura que dominaba sus vidas.

Para ese tiempo, el liderazgo de la iglesia consistía casi cien por ciento en miembros de la familia. Mi hermano ahora era el pastor y mi padre había asumido el papel de director de la escuela dominical y diácono. Mi madre tocaba el piano y servía de tesorera, mientras que mi hermana Kathy enseñaba una clase en la escuela dominical. En los últimos años, yo me había encargado de dirigir el ministerio de jóvenes.

A la vez que mi conocimiento de la Biblia crecía, iba enseñando conceptos nuevos a los jóvenes, afirmando que podían disfrutar de una relación más profunda con Cristo y tener libertad en Él. Como se podría imaginar, esta enseñanza no complementaba la teología de la iglesia. Mi hermano no estaba nada contento tampoco: desde mi transformación, la tensión había ido aumentando, llevándonos inevitablemente a un enfrentamiento.

El sol brillaba en el parabrisas esa mañana de febrero mientras Dave, los niños y yo íbamos a la iglesia. Estaba gozando la belleza del momento y la paz que llenaba mi corazón. Ese era el día que íbamos a separarnos finalmente de la iglesia en la que me criaron. No me sentía triste, sino solo aliviada.

Mientras disfrutaba el hermoso paisaje durante el viaje, oí la voz del Padre en mi corazón: —Estoy contigo.

«Sé que estás conmigo, Padre» respondí interiormente. Ese comentario me maravilló, sin saber que, en las próximas tres horas, necesitaría su presencia como nunca antes.

—Hemos cancelado la escuela dominical de los jóvenes esta mañana, Jennifer —me informó Scott, tan pronto como Dave y yo entramos en el auditorio de la iglesia.

Aunque el grupo de los jóvenes era muy pequeño, había llegado a ser mi campo misionero. Ya había determinado que, puesto que hoy iba a ser mi última oportunidad para enseñarles, iba a compartir el evangelio completo y ofrecerles la oportunidad de aceptar a Cristo. Sabiendo que mi plan no se llevaría a cabo, di un suspiro mientras Dave y yo pasábamos a sentarnos.

Por dentro, oré para que las verdades que ya había revelado a los jóvenes durante las últimas semanas fueran suficientes para combatir las doctrinas equivocadas que les habían presentado. Dave me apretó la mano mientras escuchábamos el sermón de Scott. Puede que solo lo imaginara, pero me dio la impresión de que cada palabra fue dirigida hacia mí. En el pasado, siempre había apoyado fuertemente a Scott durante el servicio: frecuentemente gritaba amén o alzaba las manos. Después de mi transformación, todo eso cambió. Hoy, me quedé callada en la banca, practicando interiormente la conversación que tendría lugar después del culto, cuando le diríamos que íbamos a dejar la iglesia para siempre.

Acabado el sermón, Dave y yo esperamos mientras Scott hablaba con varios miembros de la iglesia.

Cuando Scott se acercaba, le susurré a Dave —Él es mi hermano. Déjame dirigir la conversación.

Lo seguimos al salón de la iglesia, esperando poder sentarnos allí y compartir sin problemas nuestra noticia. No queríamos ofender a Scott, así que escogí mis palabras con cuidado.

—Scott, Dave y yo queremos comunicarte que hoy será nuestro último domingo. Hemos decidido asistir a la iglesia bautista en nuestra comunidad. Los niños tienen bastante edad ahora, y necesitan hacer amigos que viven más cerca —le expliqué, aludiendo al viaje de treinta y cinco minutos entre nuestra casa y la iglesia.

Aunque la excusa era válida, no le engañó a Scott para nada. Se enojó inmediatamente, seguro de que nuestra decisión tendría consecuencias peligrosas para la familia si nos atrevíamos a dejar el sistema.

—¿Cómo puedes abandonar tu herencia familiar? Sabes que los bautistas creen en la trinidad —casi gritó—. Jennifer, ¡vas a criar a David y Rebekah en enseñanzas falsas! —terminó, ahora de pie.

Aunque habíamos esperado evitar un enfrentamiento, ahora que había empezado, no iba a retroceder: me puse de pie para mirarle a los ojos de Scott. Alzamos las voces, discutiendo con enojo. Confesé finalmente la verdad amarga.

—Scott, no queremos criar más a nuestros hijos en esta doctrina engañosa.

Al decir yo esas palabras, vi en los ojos de Scott que lo había enojado. Sabiamente, Dave se interpuso entre nosotros dos.

—Tienes que calmarte —dijo suave pero firmemente.

—¡Aléjate de ella! —insistió Scott, todavía intentando ejercer autoridad espiritual en nuestras vidas. En mi corazón, creo que estaba preocupado sinceramente por nosotros, pero también había un elemento práctico. Con el negocio próspero de Dave, habíamos hecho contribuciones significativas a la iglesia, dinero importante que Scott seguramente no quería perder. Pero no pudo persuadirnos a que cambiáramos de idea.

—Scott, mira lo que ha hecho esta iglesia a nuestra familia. Toda tu vida, has sido un títere de la religión. Has abandonado tus sueños para realizar la visión de ellos. No hay esperanza aquí, sino solo reglas.

Durante años, había visto cómo los líderes religiosos manipulaban a Scott con sus sueños y necesidades. Ser el pastor de esta iglesia nunca fue su visión, sino la de ellos. En algún momento, había tenido un futuro prometedor e iba a ser un abogado talentoso. Pero mientras nuestro padre envejecía, le presionaban cada vez más para que continuara la iglesia familiar; finalmente, abandonó la facultad de derecho para asumir el puesto que papá cedió.

Mientras pronunciaba yo la frase final, Scott había dado un paso hacia mí. Extendiendo los brazos, puso las dos manos en mi frente y empezó a empujar, adoptando una postura que conocía muy bien de los sermones de mi abuelo cuando intentaba echar fuera demonios.

—¡Tomo dominio sobre ti y mando que salgas! —gritó, y siguió empujándome hacia atrás.

En vez de dejarme caer bajo su empuje, sin embargo, sentí una mano fuerte que me respaldaba, ayudándome a seguir de pie sin retroceder.

—Querido hermano, si te fijas, todavía estoy parada — respondí con firmeza.

Dicho eso, Scott bajó sus brazos y vi en su rostro la sorpresa. Se dejó caer en la silla, puso la cabeza en las manos y se echó a llorar descontroladamente.

Todavía sentía la presencia firme detrás de mí, así que volteé la cabeza para mirar a Dave. Pero entonces me di cuenta de que él no estaba detrás de mí, sino que estaba a mi lado, observando. Luego recordé las palabras de esa mañana: «Estaré contigo.»

Miré a mi hermano con compasión antes de que saliéramos por última vez de la iglesia. Cuando era niña, elevaban a mi hermano al estatus de un héroe y mis padres anunciaban orgullosamente que él tomaría las riendas de nuestra iglesia familiar. Ya sea de buena o de mala gana, Scott había abandonado su sueño y aceptó ser pastor de esta pequeña iglesia que en realidad no tenía futuro. Me preguntaba si él también deseaba abandonarla como lo hacíamos nosotros.

Mientras volvíamos a casa ese día, oré para que mi familia llegara a saber la verdad y para que Dios sanara nuestras relaciones. Sin embargo, cuando mis hermanos y los demás familiares se dieron cuenta de que estábamos firmes en nuestra decisión, ellos también tomaron su propia decisión, una que debería haber anticipado, pero jamás pensé que pudiera pasarme a mí.

Capítulo 25

DESHEREDADA

A lo largo de mi niñez, nuestra familia había mantenido una tradición de almorzar juntos todos los domingos. Aun cuando mis hermanos y yo llegamos a ser adultos y teníamos nuestras propias familias, después de la iglesia todos íbamos a la casa de mamá y papá en la granja. Al llegar, nos cambiábamos de ropa e íbamos a la cocina para ayudar a mamá con la comida. Mi madre era la mejor cocinera de esa región, y los domingos la mesa siempre estaba cargada de sus especialidades. Después de almorzar, muchos de nosotros dormíamos una siesta y luego volvíamos a la iglesia para el culto de la tarde. Pero todo eso cambió cuando Dave y yo empezamos a separarnos de la iglesia. Para cuando tomamos la decisión de dejar la iglesia, ya no asistíamos a los almuerzos ni a los cultos de la tarde, para no tener contacto constante con la familia.

Hacía un mes ya que Scott y yo discutimos en la iglesia, y me había fijado en que toda la familia nos trataba de una forma distinta. Amaba a mi familia y quería mantener una relación con ellos, aunque no asistíamos a su iglesia. Pero ahora el cambio nos afectaba a todos.

—Mami, ¿por qué ya no vemos más a los abuelitos? —preguntaba con frecuencia David. Después de los almuerzos cada domingo, papá daba paseos a menudo con David en la granja para ver los animales. En otras ocasiones lo llevaba a la tienda para comprar un refresco. Como era niño, David no tenía ninguna manera de entender la tensión en las relaciones familiares. Consideré su petición; quizás era hora de tratar de arreglar el lazo familiar.

—Hola, mamá. Quería decirte que Dave, los niños y yo pasaremos para almorzar mañana después de la iglesia —dije, feliz de oír su voz. Charlamos un rato antes de colgar. Justo después llamé a Kathy también para avisarle.

David no fue el único que se emocionaba mientras hacíamos el viaje largo a la casa de mis padres. Pero, aunque estaba animada por ver a todos, estaba nerviosa sobre cómo la familia reaccionaría a nuestra visita. Mis sospechas fueron confirmadas cuando llegamos a la casa. Me puse triste al ver que la puerta del garaje estaba cerrada, una indicación clara de que nadie estaba en casa.

—¡No puede ser que no estén! —le dije a Dave, mientras abrí la puerta para bajarme. Caminé hacia el garaje y miré por las ventanas, buscando su carro. El garaje estaba vacío.

Muchos pensamientos se me cruzaron mientras volvía al carro. Quizás habían ido al supermercado al último minuto; pero eso no explicaría por qué los carros de mis hermanos no estaban allí. Fui a la puerta de atrás. Al descubrir que estaba cerrada con llave, fui a la puerta de enfrente. También estaba cerrada con llave. Cuando me di cuenta de la realidad de sus intenciones, caí en los brazos de Dave y lloré. ¡Me habían desheredado! Sabía que mis padres estaban molestos, pero creía que con el tiempo llegarían a aceptar nuestra decisión de asistir a otra iglesia. Nunca imaginé que me evitaran como me habían enseñado a evitar a otros que habían dejado nuestro sistema.

—Sabían que veníamos y se fueron —le dije a Dave entre lágrimas mientras me subía de nuevo al carro. No podía creer lo que estaba pasando.

El hecho de que un padre pueda desheredar a su propio hijo comprueba, en mi opinión, el peligroso poder del lavado de cerebro dentro de las sectas religiosas. No es natural. En mi caso, pasaron seis meses antes de que el proceso se llevara a cabo. En mi corazón, creía que mi familia solo quería mandar un mensaje y que su postura se suavizaría con el tiempo. Más tarde, mientras pasaban las semanas y luego los meses, por fin me di cuenta de que su decisión fue definitiva.

Pero ese día, mirando a David y Rebekah en el asiento trasero, me sentía triste por ellos, especialmente por David, porque tenía la edad suficiente para extrañar sinceramente a sus abuelos.

—Vamos a comer en algún lugar divertido —sugerí, intentando ocultar el dolor del rechazo.

—Pero quiero ver a los abuelos —dijo David, empezando a lloriquear. No tenía ninguna respuesta para mi hijo.

Sabía que mi decisión de dejar la iglesia familiar iba a tener consecuencias, pero no sabía que nos costaría tan caro.

Capítulo 26

MI FAMILIA NUEVA

—La vida de un cristiano no es siempre fácil —nos decían repetidas veces Roy y Velma Belon a los estudiantes universitarios que nos reuníamos en su casa. Obviamente, ésta era una de tales ocasiones. Aunque nunca dudaba durante esos meses difíciles del amor de Dios y de Dave, anhelaba el amor de mis padres y deseaba reconciliarme con mi familia.

En varias ocasiones después del incidente de ese domingo, intenté comunicarme con ellos. Logré hablar por teléfono con mamá un par de veces, pero siempre terminaba igual: cuando se trataba el tema de la iglesia, ella colgaba. Dave y yo no podíamos volver a esa vida, pero el dolor de su rechazo me agobiaba. Gracias a Dios, él ya había puesto en marcha un plan para restaurar lo que se había perdido.

Poco después de enterarnos de que nos habían desheredado, un buen amigo me llamó. —Jennifer, quiero compartir un versículo contigo. Creo que es para ti. —Luego empezó a leer: «Mis padres podrán abandonarme, pero tú me adoptarás como hijo». (Salmo 27:10, TLA).

Muchas veces, el Espíritu Santo usa hombres y mujeres de Dios para animarnos en el camino. Este amigo no llamó para ofrecerme consejo mundano, sino palabras de sabiduría sacadas directamente de la escritura. Me ayudó a empezar a recuperarme, pero el dolor era muy agudo y cada vez que tenía contacto con mi familia se abrió de nuevo la herida, por lo cual sanaba muy lentamente.

—Dave, por favor, quiero intentar verlos una vez más —supliqué por teléfono, como una niña. Sabía que mi esposo entendía mi deseo, pero estaba más preocupado sobre mi estabilidad mental y emocional ante el rechazo continuo.

—Cariño, preferiría que no lo hicieras —respondió desde el sitio donde estaba trabajando—. Solo te causará más dolor.

—No estás aquí ahora mismo, escuchando a David suplicar que visitemos a sus abuelitos —respondí—. ¿Qué puedo decirle para que entienda? Además, yo también quiero verlos —terminé en voz baja. Notando mi deseo urgente, Dave aceptó orar mientras que yo intentara otra vez ver a mis padres.

Contenía la respiración mientras el teléfono sonaba: una vez, dos, tres, y luego oí su voz.

—Hola, mamá. ¿Cómo estás? —dije nerviosamente, explicando que David, Rebekah y yo queríamos verlos a ella y a mi padre. Para mi sorpresa, accedió. Yo estaba jubilosa. Sabía que, si tan solo podía verlos, podríamos reconciliarnos.

—Mami, quiero pasar la noche en su casa como lo hacíamos antes —pidió David, mientras recogíamos nuestras cosas y nos preparábamos para subirnos al carro. Me detuve y miré detenidamente a David, que tenía casi cuatro años. El entusiasmo y la esperanza se veían claramente en su rostro. No tenía ni idea de las complicaciones asociadas con su petición. Solo extrañaba a sus abuelos.

—Ay, mi amor, no lo sé —respondí, sin saber qué decirle. Una cosa era pasar por su casa para una visita corta, pero sería otra cosa distinta si David iba a pasar la noche allí.

—¿Qué tal si hacemos tu maleta, y luego vamos a ver, de acuerdo? —respondí, y lo vi sonreír ampliamente.

Oraba a lo largo del viaje, y a pesar de la advertencia de Dave, mi entusiasmo crecía.

Cuando llamé para decirle a Dave que habíamos salido, me recordó —Mi vida, no te hagas ilusiones—. Justo antes de que colgáramos, prometió: —Estaré orando. —Pero desde el momento en que entramos en su casa, la conversación nos fue muy mal.

—¡Hola, mamá! —dije al abrazarla—. ¡Los hemos extrañado mucho! De hecho, David decía que extraña mucho pasar la noche aquí contigo y con papá —dije, intentando comunicar lo mucho que los queríamos.

—Bueno, tu papá y yo decidimos que los nietos ya no pueden pasar la noche aquí —respondió al instante.

En ese momento, se volvió a abrir la herida.

—¡Mentirosa! —dije en voz baja, pero con firmeza—. Sé con certeza que los hijos de Kathy han pasado últimamente la noche aquí con ustedes.

Mamá ni siquiera pestañeó, sino que siguió mirándome con ojos muy duros. «¿Por qué nos dio permiso para venir?» me pregunté.

Le tomé a David de la mano y nos dimos la vuelta para salir. No servía de nada quedarnos en una casa donde no nos querían.

Tanto David como yo llorábamos durante el viaje de regreso a casa. Afortunadamente, Rebekah era demasiado joven para entender la dinámica de esta conversación difícil.

—Señor, por favor, sana mi corazón y restaura nuestra relación —le supliqué llorando.

Después de llegar a casa, seguía orando, todavía demasiado adolorida para olvidar los eventos de la mañana. De repente el teléfono sonó, sorprendiéndome. Estaba sumida en la autocompasión, pero la llamada resultó una «cita divina».

—¡Jennifer! ¿Qué haces? —dijo la voz conocida.

—¿Velma? ¿Eres tú? —pregunté, atónita.

Después de graduarme de la universidad, había tenido muy poco contacto con los Belon, la dulce pareja que me había acogido después de mi separación difícil de Jake. Habían asistido a mi boda y habían venido a visitarme después del nacimiento de David, pero como vivíamos en diferentes ciudades y estábamos tan ocupados, la relación se había vuelto más lejana. Hacía casi cuatro años que no los veía. Y ahora, en mi momento de crisis, Dios nos estaba juntando otra vez.

—Velma, no vas a creer lo que me ha pasado —dije, empezando a llorar.

—Mi vida, estamos en Wilmington ahora mismo —dijo—. El Señor mandó que viniéramos a encontrarte.

No podía creer lo que escuchaba mientras le daba mi dirección. En un par de minutos, su Volvo gris llegó a nuestra casa. Dios había oído mi oración. En ese día, no solo me trajo el consuelo que necesitaba y alguien que me escucharía, sino que también me dio un regalo muy especial en la forma de esta preciosa pareja. Cuando volvimos a reconectar, ellos llenaron el vacío que mis padres dejaron en mi vida y me "adoptaron" como su hija.

Mamá y papá Belon establecieron inmediatamente una conexión con mis hijos. Nunca habían visto a Rebekah antes, y fue la primera vez que vieron a David desde su nacimiento. Todos nosotros nos sentamos en la sala para ponernos al día de los eventos de los últimos años; los Belon se alegraron tanto observando a mis hijos como si fueran sus propios nietos. Me dio mucho gusto estar con este matrimonio especial; obviamente, Dios sabía que yo los necesitaba.

Roy y Velma se quedaron para cenar, y durante la cena me desahogué con ellos, describiendo los eventos recientes con mi familia y cómo me habían desheredado.

—Dios ha hecho algo maravilloso en Jennifer durante los últimos meses —añadió Dave mientras charlábamos después de la cena—. Pero esto ha sido muy difícil para ella.

Todo el abuso, el acoso, y la violación que había experimentado en mi niñez no pudo compararse con oír las últimas palabras que mis padres me habían dirigido: «No vuelvas a casa nunca». Pero a pesar de estas complicaciones con mi familia, mi pasión y mi deseo de la palabra de Dios no habían disminuido. Descubrí que la única medicina que aliviaba mi corazón roto era leer las escrituras de consuelo y sanidad una y otra vez cada día. Durante los próximos meses, seguía orando y esperando que, de alguna forma, Dios sanara nuestra relación rota, pero durante mucho tiempo no hubo ningún contacto. Sin embargo, cuando se acercaron las fiestas, recibimos una invitación inesperada. Hacía casi dos años desde el día cuando dejamos la iglesia definitivamente. Ahora, mi hermana Kathy llamó para invitarnos a pasar el Día de Acción de Gracias con la familia. El hecho de que tuvieran que invitarnos solo hizo hincapié en nuestra relación fragmentada; sin embargo, estaba muy feliz. Creía que iban a darnos de nuevo la bienvenida. Pero, al contrario, sería la última vez que toda mi familia biológica estaría junta para el Día de Acción de Gracias.

Capítulo 27

UNA EXPLOSIÓN FAMILIAR

Ajusté la ropa de Rebekah mientras arreglaba las borlas decorativas de su traje y le arreglé el pelo por enésima vez antes de dirigir mi atención a David. Quería que todo estuviera perfecto y había vestido a los chicos especialmente para la ocasión.

Cuando llegamos a la entrada de la granja, observé que todos los vehículos que esperaba ver ya estaban allí. No veía la hora de ver a la abuelita Jean, a Kathy y sus hijos, a Scott y su familia, y por supuesto a mis padres. Los únicos que estaban ausentes eran Sue y Joe. Como había llegado a ser típico en los últimos años, él la mantenía aislada de la familia. Aunque me habría gustado ver a mi hermana, me sentí aliviada de que Joe no estuviera.

La comida se iba a servir a las cinco de la tarde, así que el sol casi se había puesto cuando llegamos. Cuando entramos, miré brevemente a todos mis familiares, tratando de calcular su reacción a nuestra llegada. Inmediatamente me acerqué a mi hermana y le di un abrazo, y luego me aseguré de abrazar también a cada miembro de la familia. Papá, mamá y Kathy me saludaron amablemente, pero cuando entré en el comedor y vi a Scott, estaba claro que el paso del tiempo no había hecho nada para borrar las palabras que habíamos dicho dos años antes.

—Hola, Scott. ¿Cómo estás? —le pregunté, intentando superar el enorme muro que nos separaba.

En vez de responder, solo se quedó mirándome, lo cual comunicó mucho más de lo que las palabras pudieran expresar. No había cambiado nada entre los dos. Sabía que, por lo menos para él, no era bienvenida. Olvidándome de su reacción maleducada, salí del cuarto para unirme a los demás.

«Si él quiere seguir enfadado, es problema suyo» pensé, no deseando que su actitud amarga arruinara el día.

Me acerqué a Dave buscando apoyo moral después del encuentro. Me miró comprensivamente y me dio un abrazo. Desde siempre él ha sido mi pilar.

—¿Qué debo hacer? —le pregunté, refiriéndome a la situación con Scott.

—Solo sé cristiana —comentó. Fue lo mismo que siempre me decía con respecto a mi familia. Lo que quería decir ese día fue «Jennifer, no armes un escándalo, llega al final de la cena y saldremos tranquilamente». Asentí con la cabeza y dirigí mi atención a los demás, resuelta a que no estallara ningún conflicto.

La cena salió bien, aunque no recuerdo muchos detalles. Pero no olvidaré jamás lo que sucedió más tarde.

Después de la cena, fui a uno de los cuartos al fondo de la casa para cantar con una pista de acompañamiento para mi sobrino, James (el hijo de Sue y Joe) y su esposa. A pesar de lo que había hecho su padre, James y yo siempre nos habíamos llevado bien. Aun cuando el resto de la familia me había desheredado, él había seguido en contacto conmigo, aunque a los demás les enfadó.

Cuando la música se acabó, desde allí al fondo de la casa oímos voces. Rápidamente corrí a la sala, donde vi a Dave y Scott discutiendo apasionadamente.

—¿Qué pasa? —pregunté.

Al oír mi voz, Scott se dio la vuelta para verme, listo a soltar su arsenal verbal contra su blanco verdadero. La causa de la disputa fue una carta que yo había mandado a cada miembro de la familia, en la cual compartí el fundamento de nuestras nuevas creencias. Por mi sincera preocupación por ellos, había esperado revelar los errores doctrinales de la iglesia.

Todavía hablando con mucho enojo, Scott dio un paso adelante y me dio un empujón.

—No la toques —dijo Dave, moviéndose para estar entre los dos.

En ese momento, evalué rápidamente la atmósfera del cuarto. Si hubiera esperado que alguien más en la familia me apoyara, aparte de Dave, habría estado muy decepcionada. Papá estaba sentado en su sillón, mirando fijamente hacia el televisor, aunque no estaba prendido. Mamá estaba sentada al lado de la chimenea con Rebekah en su regazo, formando con sus labios una sonrisa muy satisfecha que parecía indicar que disfrutaba la situación. En vez de intervenir para apaciguar el episodio mientras se intensificaba, el patriarca y la matriarca de la familia se quedaron observando.

Luego, para sorpresa de todos, la abuelita Jean se metió en la conversación. —¡Scott, por favor! Aun tu abuelo no querría que la trataran así.

—¡No te entremetas! —gritó Scott, apartando por un momento su enojo. De casi ochenta años, la abuelita Jean era la segunda esposa del abuelo Black, quien había empezado el sistema religioso que ahora provocaba tanta discordia en nuestra familia. Se veía la sorpresa en su rostro, y sus ojos se llenaron de lágrimas por la réplica irrespetuosa de Scott.

—Tranquilo, Scott. Nos vamos —dijo Dave firmemente, tomándome del brazo para guiarme hacia la puerta. James ya había llevado a David y a Rebekah afuera para que no presenciaran el conflicto. Mientras tomaba a Rebekah de los brazos de James, oímos que la puerta se abría, y al voltear la cabeza vimos a la abuelita Jean. Mandaron que se fuera por haber tratado de defenderme, así que su cuerpo débil temblaba violentamente; estaba agobiada por la discusión. No vino nadie para ver si estábamos bien ni para consolarnos.

—¿Puedes conducir, abuelita Jean? —preguntó Dave, preocupado por su bienestar—. ¿Por qué no nos acompañas a nuestra casa? —sugirió.

Justo cuando nos habíamos subido al carro para irnos, oímos un fuerte aullido, que solo puedo comparar al sonido de un coyote, que venía del interior del garaje. Fue un sonido espeluznante e inhumano que me dio escalofríos. Fue Scott.

Capítulo 28

DESCUBRIENDO LA VERDAD: ME CRIE EN UNA SECTA

Después del incidente feo, ni un miembro de la familia llamó para preguntar por nosotros ni por la abuelita Jean. Un descubrimiento desconcertante explicó su indiferencia.

Eran las 9:30 de la mañana el lunes. Parada ante el fregadero de la cocina, había subido las mangas de mi camisa para lavar los platos sucios del desayuno, cuando el Señor me habló interiormente —¿Estás lista para oír la verdad sobre tu familia?

—Si, Señor —respondí de forma obediente. Pero al asentir interiormente, de repente tuve un presentimiento. El día iba a dar un giro muy serio.

Los chicos estaban en la escuela y ya había empezado mi rutina de la mañana, escuchando la radio mientras limpiaba la cocina. Hacia esa hora, empezaba el programa *Truths That Transform* («Verdades que transforman») del Dr. D. James Kennedy. El tema de esa mañana fueron las sectas religiosas.

Durante la próxima hora, el Dr. Kennedy dio una descripción detallada de las características de una secta religiosa. Escuché horrorizada, entendiendo por primera vez que él estaba describiendo el sistema en que me habían criado. Había entendido que había errores doctrinales, pero una secta...me impactó fuertemente. Al final del programa, marqué el número gratuito para hablar con un consejero, conmocionada por lo que acababa de aprender.

—Señora, usted es un milagro —respondió el consejero cuando le conté brevemente de mi niñez y la religión que me habían enseñado—. Usted estaba definitivamente en una secta —explicó. Cualquier grupo que niega la realidad de la trinidad se categoriza como una secta, aprendí.

—¡Señor, tengo que decírselo a mis padres! —contesté.

—Si usted lo hace, los habrá perdido para siempre —expresó en un tono muy compasivo—. Puedo decirle de mi propia experiencia que si se le dice a un miembro de una secta que está en una secta, la persona se cierra generalmente a más diálogo.

—Bueno, entonces no tengo nada que perder, porque ya lo han hecho —le dije.

Al final de la conversación, el consejero oró conmigo y ofreció enviarme algunos libros sobre el tema. Yo sabía que el próximo paso sería investigar más sobre las sectas.

Estudié los materiales que llegaron del ministerio unos días después y solo confirmaron la verdad. La organización fundada por mi bisabuelo cuatro generaciones antes sí fue una secta. Me dio miedo, pero al mismo tiempo me sentía liberada. Este nuevo conocimiento me ayudó a entender que el rechazo de mi familia tenía más que ver con el lavado de cerebro que con algo que yo hubiera hecho.

La primera fase de mi recuperación me ayudó a ver que no tenía la culpa del abuso sexual que sufrí cuando era niña. Esta segunda fase fue igualmente liberadora, porque me di cuenta de que no hice nada para que mi familia me rechazara. Poco a poco, el Espíritu Santo estaba borrando el dolor del abuso y del rechazo que habían marcado mi vida.

Ahora tenía un padre celestial que me había adoptado y que podía manejar cualquier situación que tuviera que enfrentar. Me encantan las palabras de Juan 8:32: «y [ustedes] conocerán la verdad, y la verdad los hará libres». Escribí este versículo en una tarjeta que puse en nuestra casa como recordatorio de esta verdad importante. Jesús es la verdad, y yo sabía que no permitiría que nada me sucediera, a no ser que me llevara hacia la sanidad. Descubrí que el gran YO SOY era todo lo que necesitaba. Él se reveló como el proveedor de todo el apoyo familiar que me hacía falta, y las palabras de Marcos 10:29-30 se volvieron realidad en mi vida:

> *Les aseguro —respondió Jesús— que todo el que por mi causa y la del evangelio haya dejado casa, hermanos, hermanas, madre, padre, hijos o terrenos recibirá cien veces más ahora en este tiempo (casas, hermanos, hermanas, madres, hijos y terrenos, aunque con persecuciones); y en la edad venidera, la vida eterna*

Cuando perdí a mi familia biológica por mi amor a Jesús, todo el cielo prestó atención. Aun cuando pensamientos tormentosos de vez en cuando trataban de decirme que perdería la razón, ahora sabía que no era más que una amenaza vacía y sin poder. Con los Belon, había recibido la bendición de nuevos padres. En cuanto a hermanos, ahora tenía hermanos cristianos en todo el mundo. Sobre todo, estaba aprendiendo a confiar en que Dios me ayudaría a superar cualquier situación.

Aunque anhelaba que mi familia se liberara de la secta, sabía que yo sola no tenía los recursos para hacerlo. Lo único que podíamos hacer Dave y yo era orar para que Dios nos diera una oportunidad de hablar con ellos. Sorpresivamente, aunque no nos comunicábamos con ellos, ellos nos contactaron a nosotros.

Capítulo 29

UNA VEZ MÁS

«¿Jennifer?» preguntó la voz media conocida que oí en nuestro correo de voz.

Había esperado nueve años para oír de nuevo de mi familia, pero ahora que mi madre había llamado, no sabía cómo responder. Los dedos temblaban mientras marcaba su número para ver qué quería.

—Estábamos organizando los armarios y encontramos tu vestido de noche de tu concurso de belleza, de Miss Carolina del Norte Cuatro de Julio. Quisiéramos traértelo, si está bien —expresó.

Durante los últimos nueve años, me había encontrado un par de veces en público con mis padres. Esos encuentros inesperados siempre eran incómodos, y los efectos emocionales duraban varios días.

—Me encantaría verlos —respondí con dificultad por la emoción, con un nudo en la garganta. Los invité a cenar con nosotros al día siguiente; después de colgar, muchos pensamientos me vinieron a la mente.

Mi sobrino James todavía me ponía al día de vez en cuando, pero aparte de eso no tenía ni idea de cómo estaba mi familia. Una cosa que sí sabía, sin embargo, era que la familia había seguido fragmentándose.

Unos seis años antes, Tammy, la esposa de mi hermano Scott, llegó a nuestra casa durante las Navidades. Llevando regalos en la mano, pidió permiso para entrar y compartir las nuevas de su propia transformación y su aceptación de Cristo. Como yo, había llegado a un punto donde le parecía que no podía seguir adelante. La depresión severa le había agobiado, porque sentía que no podía nunca cumplir con las normas estrictas del sistema religioso. Buscando alivio, había solicitado asesoramiento psicológico. Fue el terapeuta cristiano quien le presentó a Cristo.

Claro que nos alegramos mucho, pero más tarde descubrimos que la familia me echó la culpa de su decisión y de su divorcio de Scott. De hecho, Dave y yo habíamos orado para que se restaurara su matrimonio. Cuando Tammy regresó a casa después de una separación, sin embargo, Scott se volvió cada vez más abusivo verbalmente, por la decisión de Tammy de dejar el sistema religioso. Finalmente, ella había decidido terminar el matrimonio. Contemplando esos eventos, llamé a Roy y Velma, buscando su apoyo moral.

—Ustedes siempre serán mis padres espirituales —le dije a Velma después de compartir las nuevas sorprendentes—. Pero necesito realmente que oren sobre la visita venidera de mis padres.

—Hace años que oramos para que venga este día y para que ustedes se reconcilien —dijo de una manera confortante—. Seguiremos orando, no te preocupes —continuó, alentándome.

Arreglé los almohadones del sofá, pasé por la casa para comprobar que todo estaba en orden, y revisé mi pelo y mi maquillaje; luego hice todo de nuevo, esperando que fueran las 6:00pm.

—Cariño, me das nervios —dijo Dave bromeando, al ver mi impulso de estar constantemente en movimiento. Cuando la hora de su llegada llegó y pasó, me volví aún más tensa.

—¿Y si no llegan? —lamenté.

—¡Estará bien! —insistió Dave, intentando calmarme. Pero sus palabras no pudieron tranquilizar el miedo que crecía en mi corazón. Finalmente, vi que estaban estacionando su carro enfrente de nuestra casa. Aunque había vigilado durante la última hora, esperando que llegaran, ahora no quise abrir la puerta, insistiendo que Dave fuera el primero en recibirlos.

Aunque tenían más canas que antes, mis padres no habían cambiado mucho. Cuando entraron, todos nos quedamos parados incómodamente, sin saber qué hacer. Quería correr para abrazarlos, pero como todavía no conocía sus intenciones, no pude dar el primer paso hacia la reconciliación. En cambio, Dave y yo los invitamos a pasar a la sala, donde charlamos sobre el clima y otros detallitos hasta la hora de ir al restaurante.

Durante la cena, los niños ayudaron a distraernos de la realidad inconveniente que nadie quería enfrentar. Volviendo a casa después de cenar, mi enojo crecía, ya que parecía que mis padres no iban a tratar el tema de nuestra separación durante los últimos nueve años. Me volvía cada vez más frustrada. Dave, observando mi postura y mi rostro, me tomó de la mano para calmarme, pero no pude frenar mi curiosidad.

—Antes de que se vayan, tengo que saber por qué están aquí —dije, esperando que mi voz comunicara calma en vez de una acusación.

—Jennifer, cuando tu padre y yo limpiábamos el armario el otro día, le dije «Ya basta. Tenemos que verla.»

Eso fue precisamente lo que quería oír y me aseguró de que no había ninguna intención oculta.

—Me alegro de que estén aquí —respondí, acercándome para abrazarlos a ambos.

—¿Cómo andan las cosas en su iglesia? —preguntó papá después, entrando rápidamente en el tema prohibido de la religión. Al instante, Dave me indicó con su mirada que no respondiera, pero me fue imposible guardar silencio. Papá había preguntado y yo iba a contestar.

Indiqué la Biblia que estaba en una mesa a la entrada. —La palabra de Dios es específica y yo la creo —dije sin vacilar, refiriéndome a nuestras creencias diferentes sobre la trinidad y el poder salvador de Jesucristo.

Claro que papá tampoco pudo abandonar el tema, así que entramos en un debate religioso. Afortunadamente, antes de que se descontrolara, Dave y mi madre pidieron que dejáramos de discutir, lo cual, inesperadamente, los dos aceptamos. Mientras nos despedíamos, les di un abrazo y un beso a los dos.

—Terminemos esta tarde de manera positiva —dije sonriendo. Mientras Dave los acompañaba a su carro, yo me dejé caer al suelo, completamente agotada. Había sido una tarde muy difícil.

Unos días después, el identificador de llamadas reveló de nuevo el número telefónico de mis padres. Gratamente sorprendido de que siguieran en contacto, Dave atendió el teléfono.

—Déjame consultar con Jennifer. Haremos todo lo posible para venir —respondió Dave antes de colgar. Se acercaba el aniversario de cincuenta años de matrimonio de mis padres, y mi padre había llamado para invitarnos a asistir a la celebración.

—Es muy raro estar en contacto con ellos de nuevo —le comenté a Dave más tarde. Estaba contenta y había deseado durante tanto tiempo que la relación se restaurara, pero todavía no estaba segura de qué hacer ahora. Cuando les hablamos a los niños sobre el evento, no se entusiasmaron por ir a un evento con familiares que ahora no conocían; querían pasar el día con sus amigos.

—Mamá, ya tengo abuelos —me recordó David, refiriéndose a sus relaciones con el abuelo Roy y la abuela Velma, el abuelito Kostyal y la abuela Mimi. La sabiduría de mi hijo me sorprendió.

—Querida, ¿qué pasa si tus padres repiten sus votos en la iglesia donde te criaron? ¿Podrías soportarlo? —preguntó David, con mucha sabiduría. En mi inocencia, todavía me hacía ilusiones, imaginando una escena familiar idealizada. Me estaba enfocando exclusivamente en lo que iba a ponerme, en lo que se pondrían los chicos, y en ver otra vez a mis hermanos y mis tíos.

—Mi amor, si deciden hacer eso, no habrá ningún problema. Solo estaremos allí un rato —respondí. No sabía que pronto sería una pregunta irrelevante.

Dos días después, mi padre dejó un mensaje telefónico pidiendo que le llamara. —Es importante —dijo con tono urgente.

Marqué el número de memoria y papá contestó casi inmediatamente.

—Jenny, necesito pedir que me hagas un favor —empezó. Creía que iba a pedir que orara durante la ceremonia.

—De muy buena gana haré lo que necesites —respondí sin titubear.

—Quiero que me asegures que tú y tu familia no vendrán a la celebración de nuestro aniversario. ¿Me haces este favor? —preguntó.

Dejé de respirar por un instante mientras repasé esas palabras. ¿Escuché en realidad lo que creía que había oído? Había silencio durante unos momentos mientras recuperé la compostura, y luego respondí tranquilamente —Claro que sí. Dios te bendiga, papá. Te amo—. Después de colgar el teléfono, mi calma se desintegró en seguida y me senté en la cama, llorando.

Luego, sin embargo, me enfoqué en los verdaderos instigadores de la llamada. —¡Espíritus atormentadores, aléjense de mí en el nombre de Jesús! ¡Ya no voy a dejar que me roben más! —Aun en medio del dolor de ese momento, reconocí que no era más que otro intento satánico de arruinar mi vida.

Al dejar que la paz de Dios volviera a llenarme, dejé de llorar y pasé a la oficina de al lado, donde estaba Dave.

—¿Qué pasa, Jennifer? —preguntó en seguida, observando que algo andaba mal.

—No lo vas a creer, Dave —respondí—. Volvieron a desheredarme.

Capítulo 30

"¿POR QUÉ DEJASTE QUE ESO ME PASARA?"

Aunque me dolía la herida del rechazo que se volvió a abrir, Dios permaneció fiel. Años antes, el mismo evento me habría hundido en un pozo de depresión. Esta vez, sin embargo, por su gracia solo era un obstáculo en el camino que Él me ayudó a superar.

Para ese tiempo, hacía ya varios años desde que empezó mi viaje hacia la sanidad, y llevaba tiempo buscando oportunidades de consolar a otras mujeres que habían sido heridas y abusadas. Sin embargo, un incidente muy temprano en mi ministerio reveló el plan mayor de Dios para mi vida.

Me sentía tanto nerviosa como emocionada mientras contemplaba lo que iba a decir esa noche en la prisión de mujeres. Aunque no hacía mucho que había empezado a recuperarme de mis propias heridas, me habían invitado a compartir mi testimonio con las reclusas de una prisión local. Fue una experiencia nueva, algo que tomaba muy en serio. Mientras andaba por nuestro jardín de atrás, pidiendo que Dios me ayudara a preparar mi discurso, me llenaba una indignación justa por la pérdida de mi inocencia.

No tengo muchos recuerdos felices de mi niñez, a causa del abuso. En cambio, imágenes dolorosas predominan en mi memoria. Estoy segura de que había muchos momentos positivos, pero no los recuerdo. Porciones enteras de mi vida están totalmente ausentes de mi consciencia. Me han dicho que esto es muy común entre hombres y mujeres que han sufrido abuso como el que padecí.

Mientras meditaba sobre mi pasado y seguía orando sobre esa oportunidad de ministerio, me di cuenta de la ironía de donde estaba en ese momento. Estaba al borde del jardín, mirando hacia el pantano: el mismo lugar donde había contemplado matarme unos cuantos años antes.

—Entonces, Señor, ¿por qué dejaste que me pasara eso? —le pregunté, reflexionando sobre el camino en el que había tenido que andar.

Una calma me llenó, y sentí su respuesta suave «No tenías ninguna protección. Estabas totalmente indefensa ante la invasión y el acoso del enemigo».

Aunque no entendí completamente el significado de esa declaración, sí me di cuenta de que mis padres no me habían protegido. Luego aprendí que, de la misma forma que los padres tienen que proteger físicamente a sus hijos, también tienen que proveer una cobertura espiritual por medio de la oración para protegerlos. En mi caso, no tenía ninguna clase de protección, por la ignorancia de mis padres y por su sistema de creencias. En cambio, otras influencias nos habían gobernado.

Para entender esto, primero uno tiene que reconocer que todo lo que Dios ha creado tiene un fundamento legal. En breve, cuando obedecemos su palabra, tenemos un derecho legal a todas sus bendiciones, incluida su protección divina. Esa fue la vida que Adán y Eva tenían en el Jardín de Edén. Sin embargo, cuando decidieron desobedecer el mandato de Dios, abandonaron su derecho legal a esas bendiciones y quedaron bajo la maldición del diablo. Abandonaron la protección divina y entonces estaban bajo el control de Satanás, y vulnerables a todas sus maquinaciones. Desde entonces, la humanidad ha sufrido bajo esa maldición.

Pero hay buenas noticias. Jesucristo pagó legalmente el precio de todo pecado, por el derramamiento de su sangre. Cuando lo aceptamos como Señor y Salvador y hacemos un pacto con Él, se rompe en nuestras vidas el poder de la maldición, y tenemos nuevamente el derecho legal de disfrutar de las bendiciones y la protección de Dios.

Lamentablemente, en el caso de mi familia, mis padres y abuelos escogieron una religión creada por ellos mismos, en vez de recibir la salvación por medio de la gracia y entregarse a la soberanía de Jesús. Esto abrió una puerta a las fuerzas demoníacas, y el pecado reinaba libremente en nuestra familia, siendo heredado durante varias generaciones. La Biblia lo expresa así:

> *Yo soy el Dios de Israel, y soy un Dios celoso. Yo castigo a los hijos, nietos y bisnietos de quienes me odian,*
> DEUTERONOMIO 5:9, TLA

Antes de hacerme cristiana, era parte de la cuarta generación de una secta religiosa, sin ninguna protección espiritual. Debido a las decisiones de mi familia, Dios no tenía ningún derecho legal de meterse y protegerme. Sin embargo, es obvio por mi historia que Él sí empleaba gente, situaciones y circunstancias para traerme a Él, para que el ciclo de abuso pudiera romperse.

Que quede claro que la perversión de la humanidad no fue nunca parte del plan de Dios. Al contrario, ha ocurrido porque la gente ha tomado decisiones voluntarias de entregarse a deseos malos, influidos por el dominio de Satanás en el mundo. Jesús identificó la naturaleza de su implacable adversario al decir «El ladrón no viene más que a robar, matar y destruir» (Juan 10:10). Sin embargo, en el mismo versículo, ofreció esperanza: «Yo he venido para que tengan vida, y la tengan en abundancia».

Una vez, mientras leía la Biblia, el Señor me reveló cómo se siente con respecto a la gente que lastima a los niñitos. Jesús puede sanar y salvar a cualquier persona; sin embargo, si un abusador no se arrepienta y no abandona su comportamiento abusivo, Jesús ofreció esta advertencia:

> *Pero, si alguien hace pecar a uno de estos pequeños que creen en mí, más le valdría que le colgaran al cuello una gran piedra de molino y lo hundieran en lo profundo del mar. ¡Ay del mundo por las cosas que hacen pecar a la gente! Inevitable es que sucedan, pero ¡ay del que hace pecar a los demás!*
>
> MATEO 18:6-7

Jesús ama a los niños, como revelan muchos pasajes de la Biblia, y no quiere que los lastimen. No hay excusa en sus ojos para ninguna forma de abuso, y los culpables sufrirán las consecuencias, a no ser que se arrepientan sinceramente.

Después de aprender estas cosas, ahora entiendo que necesito dedicarme a la oración y a la obediencia a Dios, pero no solo para mi propio bienestar. Las vidas de mis hijos también están en juego. Como expliqué antes, las consecuencias del pecado afectan varias generaciones. Por otro lado, cuando vivimos según los principios de Dios, se hereda una enorme bendición. Así lo expresa Dios:

> *Cuando me aman y cumplen mis mandamientos, les muestro mi amor por mil generaciones.*
>
> DEUTERONOMIO 5:10

Imagíneselo. ¡Dios mostrará su amor por mil generaciones! Lo que hago hoy afectará la vida de mis hijos y sus descendientes durante mucho tiempo.

No culpo a mis padres por no haber orado para brindarme este tipo de protección. Ellos no sabían nada de esto. Y aunque pagué un precio muy alto por esa falta de conocimiento, sin embargo, Dios me ha liberado y me ha sanado.

El abuso sexual no produce la muerte física del cuerpo, pero en realidad sí mata una parte de sus víctimas. Estas heridas son tan profundas que solo pueden sanar por el poder de la resurrección de Cristo. Ese fue el mensaje que quería compartir con las mujeres en la prisión local.

Una fuerza interior me llenaba mientras seguía mirando el pantano, reflexionando sobre la increíble misericordia de Dios.

—Satanás, me robaste mi niñez y casi impediste que fuera una buena madre, pero voy a dar esta noche un golpe devastador a tu reino al decirles a estas mujeres que Jesús puede sanarlas como me sanó a mí —declaré a voces. Estaba lista para la batalla.

Esa noche, al entrar en la prisión, me fijé en que la mayoría de las mujeres eran africano-americanas. Sonreí. No lo sabían, pero aunque era blanca por fuera, por dentro era su hermana. No lo sabían, pero mis padres verdaderos, los Belon, compartían su herencia natural. No lo sabían, pero mi pasado incluía una pequeña iglesia africano-americana, donde el sonido de los tambores y el órgano era lo único que podía tranquilizar mi atormentada alma durante mis años en la universidad. Tenía más en común con esas mujeres de lo que pensaban.

Cuando me levanté para compartir mi mensaje esa noche, sentí la presencia de Dios como nunca antes. Yo entendía lo que significaba estar aprisionada. La única diferencia era que mi prisión había sido invisible.

Esa noche, les expliqué a las reclusas que la única clave de la salvación era aceptar a Cristo Jesús como su Salvador. Les aseguré que Él no solo sanaría su corazón herido, sino que les daría una vida enteramente nueva, como lo hizo conmigo. Al final del servicio, había mujeres tendidas en el suelo clamando para recibir la misma restauración que yo había recibido. Y Dios no las decepcionó: su presencia se manifestó poderosamente allí. El servicio se extendió mucho más allá del tiempo indicado, pero nadie nos paró. Abrazaba a mujeres que lloraban mientras el poder de Dios fluía fuertemente por ellas. Repetidas veces, estas preciosas mujeres confesaron que ellas también habían sido abusadas sexualmente, y me di cuenta de la magnitud de la perversión que se ha propagado en la humanidad.

Abracé a las reclusas antes de que nos fuéramos esa noche, y me eché a reír cuando una de ellas me detuvo para compartir el escepticismo que había sentido antes. Fue ella quien había susurrado a la mujer a su lado «¿Qué nos va a decir esa blanquita a nosotras?»

A continuación, confesó —No podíamos imaginar qué nos tendría que decir una mujer blanca como usted a un grupo como nosotras —concluyó, riéndose—. Pero nunca habíamos oído a ninguna mujer blanca que predicara como usted.

Saliendo de la prisión esa noche, sabía que había encontrado mi destino. Dios no había causado el abuso, pero podía usarlo ahora para ayudar a traer sanidad a otros que habían experimentado el mismo tormento.

Con el paso de los años, he meditado a menudo en el título del libro conocido de Ann Graham Lotz, *Just Give Me Jesus* («Solo dame a Jesús.») Tengo que sonreír, porque es así de sencillo. No tenemos un Dios que se niega a sanar corazones y mentes. Desea liberar y atender a los que han sido abusados por sociópatas y pedófilos. Aunque esos individuos se han aprovechado de preciosos niñitos y luego los han desechado, Dios sacará del basurero a los abusados y los pondrá en alto.

Cuando comprendemos verdaderamente que Jesús es el Hijo de Dios y comprendemos su amor y su redención, entonces puede empezar el camino hacia la sanidad. La experiencia no se completa de la noche a la mañana, pero cuando dejamos que la palabra de Dios nos guíe y nos dirija como Él ha prometido, entonces las cadenas se rompen una por una y somos libres del pasado. Nunca estamos solos en este camino. El Padre celestial nos acompaña en cada paso del camino. Isaías 41:13 lo expresa así:

Porque yo soy el Señor, tu Dios, que sostiene tu mano derecha; yo soy quien te dice: «No temas, yo te ayudaré».

No importa cuántas dificultades la vida ha puesto en su camino; aunque haya sido víctima de abuso o de otros retos significativos, usted puede recuperarse de su dolor y de los recuerdos del pasado. Oro para que mi historia le anime, para que usted le tome a Dios de la mano y permita que Él lo guíe a través del proceso de sanidad. Al hacer eso, hay otra verdad importante que usted tiene que entender para caminar en victoria total.

Capítulo 31

ROMPIENDO EL CICLO

Durante mis años de ministerio desde 1996, nunca he conocido a un hombre o una mujer que ha sido abusado sexualmente, que no tuviera otros ejemplos de ese abuso en la historia de su familia. Cuando vamos al doctor, lo primero que nos pide es una historia clínica familiar. Los doctores quieren saber nuestro trasfondo médico, porque comprenden que lo que ha sucedido antes en nuestras familias puede tener un efecto directo en el presente y el futuro. Aunque mucha gente no cuestionaría la idea de que ciertas enfermedades son hereditarias, ignoran el hecho de que las maldiciones generacionales también lo son: se manifiestan como fortalezas de ira, alcoholismo, adicción a las drogas, abuso sexual, divorcio, etc. (Véase el apéndice para el fundamento bíblico.) La buena noticia es que el ciclo puede romperse.

Después de enterarme de esta verdad importante, he encontrado frecuentemente la evidencia de maldiciones generacionales. Un ejemplo sucedió en la escuela de mis hijos.

Una mañana fría de invierno, acompañaba a los dos niños hacia el edificio. Puesto que tenía una reunión programada justo después, estaba vestida formalmente y llevaba mi chaqueta favorita: un abrigo largo de cuero negro.

—¡Los amo! Que tengan un día bendecido —dije en voz alta, mientras David y Rebekah caminaban hacia sus respectivas clases.

Es un privilegio llevar a mis hijos a la escuela. Me parece importante aprovechar cada mañana esta oportunidad de recordarles que son muy especiales para mí y para Dios, que tienen un destino, y que la palabra de Dios contiene muchas promesas preciosas para ellos. (Véase Deuteronomio 28:1-14)

Esa mañana, reflexionaba sobre el honor de ser madre. Sabía que casi lo había perdido todo, y ahora consideraba cada día especial. Caminando por el pasillo hacia el estacionamiento, la paz que sentía se quebró abruptamente cuando oí un clamor del baño y luego la voz enojada de una madre. El tono era extrañamente familiar. En ese momento, me di cuenta de que mi reunión tendría que esperar, porque tenía una cita divina en ese baño.

Cambié de rumbo y entré en el baño. Al principio, parecía estar vacío, pero luego escuché voces en uno de los cuartos de inodoro. En seguida reconocí la rabia de la madre y el lloriqueo del niño. No iba a marcharme.

—¿Señora, todo está bien? —pregunté, tocando ligeramente en la puerta del cuarto. Sabía muy bien que todo no estaba bien.

—Sí, todo está bien —respondió abruptamente. A pesar de mi reunión inminente, el Espíritu Santo no me permitió salir.

—Por favor, permítame ayudarle —continué—. Comprendo lo que está haciendo. Jesús la ama.

De repente, la puerta se abrió. Frente a mí, vi a una madre cuyo rostro estaba lleno de lágrimas y un niño que tenía sangre en la cara. El muchachito corrió para abrazarme.

—Todo va a estar bien —le aseguré, arrodillándome en el sucio suelo del baño. Cuando volví a mirar a la madre, reconocí que era igualita a la persona que yo había sido unos años antes. Podía ver la evidencia del abuso.

—Aunque me ve vestida en esta ropa elegante —le comenté —una vez era igual a usted, y estaba al borde de hacer lo mismo a mis hijos. Por favor, déjeme ayudarle.

Al instante, ella echó a llorar y me describió su vida como víctima de abuso. El abuso siempre lleva a más abuso.

La mujer narró su historia con un padre que había estado adicto a la cocaína, y quien había abandonado la familia cuando ella era muy joven. Esto inició un ciclo de abuso, rechazo, abandono, y miedo, como es típico de este tipo de trauma.

Mojé una toalla desechable y empecé a lavar la sangre de la cara del niñito. Era pequeño y rubio, y llevaba una chaqueta desgastada y zapatos viejos y sucios. Se veía cansado y su estómago hizo ruidos varias veces mientras le limpiaba la cara.

—Vamos a limpiarle la sangre para que pueda entrar en la cafetería y desayunar —sugerí.

Aunque a primera vista se veía peor, la herida fue pequeña: la madre solo le había causado una herida menor en uno de sus labios, que ya estaban agrietados por el frío.

Después de acompañarlos hasta el aula del muchacho, dirigí mi atención a la madre. —Usted necesita ayuda, y yo sé dónde puede encontrarla —empecé—. Déjeme contarle mi historia.

La acompañé a su carro viejo que estaba enfrente de la escuela, y allí observé a una niñita de unos dos años, sentada en una silla infantil, con un peluche en los brazos. Aunque muchos niños de esa edad se habrían asustado de estar solos en el carro, estaba perfectamente contenta, acostumbrada obviamente a que nadie la cuidara. Sentí que el Espíritu Santo me decía interiormente que la mujer necesitaba gasolina para su carro y comida para la niña.

—Por favor, sígame a la gasolinera y llenaremos su tanque —sugerí.

Me siguió sumisamente a la gasolinera y estacionó detrás de mí. Mientras ella llenaba el tanque, entré en la tiendita y compré comida para su hija. Dios había abierto una puerta para satisfacer las urgentes necesidades físicas de la mujer, para poder conversar en un nivel más profundo con ella sobre sus necesidades espirituales. Aunque no soy psicóloga ni doctora, sí conozco al Dios Sanador y pude ministrar a esta madre herida.

Más tarde, conversando con uno de los administradores de la escuela, aprendí que los maestros sabían de la situación delicada entre la madre y su hijo. Sin embargo, me alegra poder decir que esta mujer recibió la ayuda y la sanidad que necesitaba tan urgentemente. Unos meses después, entró en mi oficina. Casi no la reconocí. La rabia no la dominaba más, y era una mujer hermosa con el pelo bien arreglado y una dulce sonrisa. Cuando la reconocí, la abracé fuertemente y pedí que se sentara y me contara lo que le había pasado. La alegría que brillaba en su rostro era extraordinaria, y describió la iglesia a la que ahora asistía, su nuevo carro, y cómo Jesús oyó nuestras oraciones ese día.

—Ya no pierdo la paciencia con mi hijo —explicó—. Durante años, mi abuela oraba por mí y me decía que la vida era buena, pero no lo podía ver. Todo es tan diferente ahora. La vida sí es buena.

La maldición se había roto. Ella tenía una vida nueva.

Sí, las maldiciones generacionales se pueden romper, pero no con los medios humanos. No podemos solo desear que se rompan, y no desaparecen por sí mismas. Porque sus raíces son espirituales, se necesita armas espirituales para destruirlas.

Después de que Jesús fue crucificado, descendió al infierno para enfrentarse con el diablo en su propio reino. Colosenses 2:15 declara:

Desarmó a los poderes y a las potestades, y por medio de Cristo los humilló en público al exhibirlos en su desfile triunfal.[1]

Jesús no solo venció a Satanás y desarmó todos los poderes de la oscuridad, sino que entonces los exhibió en las calles del

1 Véase también Lucas 10:18-20.

mundo espiritual e hizo un espectáculo público de ellos en su estado humillado. Ahora, cuando el diablo trata de engañarme y convencerme de que él es más fuerte, le recuerdo de aquel día en el infierno. Ya no puede dominarme y hacer que me sienta como víctima. Yo sé la verdad: él es un adversario vencido e impotente, cuyo destino final es la condenación eterna. Nos amenaza con ferocidad, pero Cristo le ha quitado toda su autoridad.

Satanás no solo fue vencido completamente, sino que además Jesús nos ha dado a nosotros autoridad sobre él, según Mateo 16:19:

> *Te daré las llaves del reino de los cielos; todo lo que ates en la tierra quedará atado en el cielo, y todo lo que desates en la tierra quedará desatado en el cielo.*

Lo primero que hice después de que el Señor me reveló la realidad de las maldiciones generacionales fue hacer una lista de las que habían sido parte de mi familia: el abuso, el miedo, el rechazo, la promiscuidad, y el orgullo. Luego, pedí que Dave me contara de las que existían de su lado de la familia. Después, juntos en oración, usamos la autoridad que Jesús nos dio para atar todas las maldiciones generacionales, para que no tuvieran ningún efecto en nuestra familia. Fue un gran alivio tener finalmente la confianza de que mi hija, Rebekah, no sería abusada sexualmente, como tantas niñas en mi familia que no tenían ninguna protección espiritual.

Es importante entender que no se trata de un evento de una sola oración. El diablo es testarudo. Aun después de que las maldiciones generacionales se han roto, los demonios que le sirven tratan de volver a tomar control en esas mismas áreas. Por eso, tenemos que orar continuamente para la protección de nuestras familias, y no darle al diablo ningún espacio en nuestra vida. (Para más información sobre romper el ciclo del abuso, favor de ver el apéndice, donde usted verá escrituras y una oración para prevenir que las maldiciones generaciones sigan afectando su vida.)

Déjeme compartir con usted una situación que sucedió recientemente en mi propio ministerio.

Recibí una llamada telefónica de un matrimonio muy agitado, que deseaba reunirse inmediatamente conmigo. Los conocía de una iglesia cercana, pero no tenía idea de qué tipo de dificultad pudiera ser tan urgente. Pero era innegable el temor en la voz de la mujer.

—Dave, ¿pudieras cuidar a los niños para que yo pueda reunirme con esta pareja esta tarde? —le pregunté, cubriendo el auricular con la mano por un momento.

Horas después, oraba mientras me dirigía a la oficina, inquieta en mi espíritu.

—Señor, por favor, úngeme para cualquier situación que ocurra esta tarde —oré.

Sabía que personalmente, en mis propias fuerzas, no podía ayudarle a nadie. De hecho, hacía diez años, había estado al borde de volverme loca debido a años de abuso sexual, y había aprendido de mi experiencia que el mero conocimiento no basta para lograr la sanidad completa. Había estudiado muchos libros sobre el abuso y la crianza de los hijos, intentando ganar las muchas batallas que se libraban en mi propia mente; pero, aunque la información me ayudaba, el conocimiento y la sabiduría mundana no eran suficientes para liberarme. Se necesitaba que la palabra de Dios y su poder penetraran mis heridas más profundas para que sanaran verdaderamente. Oraba para recibir esa clase de unción mientras me puse mi chaqueta y caminé la distancia corta hasta la oficina.

Esa tarde resultó muy diferente de lo que había esperado. Después de entrar, miré por la ventana, esperando la llegada de los dos. Cuando llegaron, me sorprendió que su hija de tres años los hubiera acompañado.

—Va a salir bien. Jesús puede manejar cualquier cosa —comenté, mientras abría la puerta para dejarles entrar.

—Esto no es nada bueno, Jennifer —respondió la madre. Mirando directamente a sus ojos, podía ver claramente la angustia en su rostro. Sentí compasión por ella cuando perdió la compostura y se echó a llorar.

Acababa de sacar un vídeo de niños del estante e iba a prenderlo para que su hija lo mirara, cuando los dos me pararon.

—No, Jennifer, ella tiene que acompañarnos —los dos comentaron. Vi el dolor en los ojos de ambos y me di cuenta inmediatamente que se trataba de un caso de abuso. Doy gracias a Dios por la dirección de su Espíritu Santo. Como había hecho repetidas veces, reclamé la promesa de I Juan 4:4, «el que está en [mí] es más poderoso que el que está en el mundo».

Cuando nos sentamos, por primera vez miré fijamente a la niña; había dejado caer la cabeza. Reconocí fácilmente el mismo tipo de vergüenza que había caracterizado mi propia niñez. La tomé cariñosamente de la mano para convencerla de que se acercara.

—Ven donde la señora Jennifer —sugerí. —Vamos a hablar; cuéntame lo que anda pasando. Después de que charlemos, puedes ver un vídeo. —Estoy muy agradecida por el gran favor que tengo con los niños y sé que es por el amor de Jesús dentro de mí.

Sus padres brevemente me comunicaron el abuso sexual que su preciosa hija había sufrido recientemente. Oré, buscando las palabras que Dios quería que yo compartiera. ¿Qué podía hacer para ayudarles? Levantando a la niña para sentarla en mi regazo, pedí que me contara lo que había pasado; me puse muy triste cuando describió cómo un hombre le había hecho cosas viles a su cuerpecito.

Aliviada y agradecida por la presencia de Dios que estaba llenando el cuarto, miré a los ojos de la niña y le dije que yo estaba muy orgullosa de que ella hubiera hablado a su mami y su papi de lo que pasó. Luego expliqué que no fue ella que incitó al hombre a hacer esas cosas despreciables. Le comuniqué que ella no había hecho nada malo, y que toda la culpa la tenía él.

Después de hablar un poco más, la pareja y yo oramos que Dios sanara a su hija. Mis oraciones con los niños son breves y están llenas de confirmación de que Dios los ama, y esta preciosa niña respondió a eso, apoyándose contra mi pecho y descansando en mis brazos. Finalmente, la abracé y la besé, y le di un juguete antes de que ella corriera alegremente a otro cuarto para ver un programa cristiano para niños. Ahora tenía que atender a las necesidades de sus padres.

—Ustedes son buenos padres —les aseguré, luchando contra la devastación que amenazaba su familia—. También tienen una relación fuerte con su hija; de otra forma, nunca les habría hablado de lo que pasó. Si les dice alguna vez el enemigo que la vida de ella está arruinada —continué—, díganle que la sangre de Jesús es más poderosa que los planes de él para destruir a su hija.

Sintiendo que la presencia de Dios seguía fuerte en el cuarto, continué, —Si Satanás les dice que la vida de su hija se ha destruido, acuérdense de mí. Por toda mi niñez, no le hablé a nadie del abuso que experimenté. Lo aguanté durante años, y esto llevó a una vida de destrucción. Pero Jesús me tocó y me restauró, y hoy estoy sana por su sangre. Vayan ahora y amen a su hija como nunca antes, y pregúntenle al Espíritu Santo qué deben hacer después para ayudar la sanidad de su hija.

Mientras corrían las lágrimas por las mejillas de los dos, oramos por la restauración completa de su hija y su familia. Más tarde aprendí que habían arrestado al hombre que abusó sexualmente a la niñita. Afortunadamente, otro abusador ya no andaba suelto y esta preciosa niña estaba bien.

Lo que compartí con esta familia es lo mismo que quiero compartir con cada niña, niño, hombre y mujer que lee este libro y que ha sido víctima de abuso. Dios tiene un plan para su vida. Él no causó el abuso; pero puede sanarlo a usted y restaurarlo completamente, hasta lo más profundo de su corazón, dándole una vida enteramente nueva. No hay ningún dolor que Jesús no pueda sanar. Esta buena nueva fue profetizada en Isaías 53:4, que dice, «Ciertamente [Jesús] cargó con nuestras enfermedades y soportó nuestros dolores». Jesús no solo llevó los pecados de usted a la cruz; también llevó cada trauma emocional y cada dolor. Pida su ayuda, y deje que Él le ayude a empezar una vida nueva. Luego, Él hará realidad sus sueños de sanidad.

Esa noche, mientras salía de mi oficina, le di gracias de nuevo a Jesús por sanarme de toda la devastación que había experimentado. Estoy profundamente agradecida por la nueva vida que Él me dio. Volviendo a la casa, miré el cielo, conmovida por el conocimiento de que el mismo Dios que puso las estrellas allí me toma de la mano cada día. Nunca más tenía que tener miedo.

Capítulo 32

SER FINALMENTE LIBRE

Ahora, muchos años después de iniciar mi camino de sanidad, puedo informarle que recuperarse del abuso es un proceso. El abuso causa muchas heridas en las víctimas, provocando reacciones como el miedo, el rechazo, la desconfianza, y una baja autoestima, entre otras. Si las heridas no sanan, el abusado llega a ser un abusador y continúa el ciclo de violencia. Nuestras prisiones confirman este hecho. Nuestras escuelas, iglesias, y lugares de trabajo están llenos de individuos que no gozan de una vida feliz porque nunca han superado sus heridas. ¡La buena noticia es que pueden liberarse!

Si usted ha sido víctima de abuso, el primer paso es dejar que el Sanador entre en su vida. Le aseguro que su corazón estará seguro con Él. Él será su Protector. Usted puede hacer eso ahora con la oración siguiente:

Querido Dios,
Estoy entendiendo que Tú puedes sanarme y restaurarme. Te pido que te sigas revelando a mí de una manera más profunda. En realidad, nunca he podido confiar en nadie, y necesito que me ayudes a confiar en Ti.
Reconozco que no puedo liberarme a mí mismo. Necesito un salvador, y creo que ese salvador es Jesús. Creo que es el Hijo de Dios y que murió por mis pecados y también por mi sanidad de años de abuso que sufrí. Pido que sanes las

partes destrozadas de mi corazón y que restaures todo el daño que el abuso me causó. Creo que Jesús resucitó de los muertos para redimir a la humanidad, así que yo sé que puedes con el dolor, las heridas, y la soledad que el abuso ha provocado en mi vida.

Padre, te pido que me guíes en mi camino hacia la sanidad. Guíame a una iglesia que cree en la Biblia y rodéame de gente que pueda ayudarme en mi nueva relación contigo. Te pido que me des una pasión por tu palabra y que al leerla, tu palabra ilumine mi corazón y mi mente. Finalmente, te pido que me ayudes a dormir tranquilamente esta noche, mientras descanso en tus brazos por primera vez en mi vida.

Señor Jesús, termino esta oración reconociendo que pagaste el precio entero para liberarme del dominio de Satanás. Redimiste mi vida por tu sangre y compraste mi sanidad por los azotes que recibiste en tu espalda. Gracias por ser mi Señor y Salvador. Te amo.

Amén.

Si usted quiere sinceramente liberarse de todos los efectos del abuso, lo invito ahora a dar el próximo paso y dedicar siete semanas a completar el libro de estudio *The Finally Free Bible Study: 7 Weeks to Freedom from Your Past* («El estudio bíblico Finalmente Libre: 7 semanas para liberarse de su pasado»). Ya sea que usted complete el libro en grupo o individualmente, lo llevará a completar los pasos necesarios para liberarse de todas las heridas que ha experimentado. También lo guiará por los importantes pasos de perdonar al abusador y perdonarse a sí mismo.

Usted tiene un destino que necesita realizar. Usted, mi querido/a hermano/a, tuvo su origen en el corazón de Dios, y tiene mucho que hacer en la tierra, ahora que usted se ha convertido en ciudadano del reino de la luz. Fue creado con dones y talentos especiales para hacer algo que solo usted puede hacer y para alcanzar a gente que solo usted puede alcanzar. Es hora de recobrar lo que fue robado. Es hora de cumplir su misión. Jesús murió para liberarnos, y tenemos libertad como sus hijos. Venga. Dé ese paso para ser «Finalmente libre».

Apéndice

HERRAMIENTAS BÍBLICAS PARA SU AVANCE

A continuación, quiero compartir escrituras y oraciones alentadoras, para que usted medite en ellas y las use como herramientas en la batalla.

ROMPIENDO EL CICLO DEL ABUSO

No te inclines delante de ellos [los ídolos] ni los adores. Yo, el Señor tu Dios, soy un Dios celoso. Cuando los padres son malvados y me odian, yo castigo a sus hijos hasta la tercera y cuarta generación. Por el contrario, cuando me aman y cumplen mis mandamientos, les muestro mi amor por mil generaciones.

ÉXODO 20:5-6

Véase también Deuteronomio 5:8-10. Las maldiciones generacionales pasan hasta la cuarta generación, pero cuando las maldiciones son quebradas y la gente ama y sirve a Dios, les colma de misericordia a ellos y a mil generaciones futuras.

Elijan ustedes mismos a quiénes van a servir: a los dioses que sirvieron sus antepasados al otro lado del río Éufrates, o a los dioses de los amorreos, en cuya tierra ustedes ahora habitan. Por mi parte, mi familia y yo serviremos al Señor».

JOSUÉ 24:15

Nótese: El primer paso para quebrar las maldiciones generacionales es tomar la decisión de servir al Señor y someterse a la autoridad de Jesús.

Hoy pongo al cielo y a la tierra por testigos contra ti, de que te he dado a elegir entre la vida y la muerte, entre la bendición y la maldición. Elige, pues, la vida, para que vivan tú y tus descendientes.

DEUTERONOMIO 30:19

Nótese: No estamos condenados a vivir bajo una maldición. ¡Dios nos ha dado el derecho de escoger una vida de bendición!

Cristo nos rescató de la maldición de la ley al hacerse maldición por nosotros, pues está escrito: «Maldito todo el que es colgado de un madero».

GÁLATAS 3:13

Nótese: Jesús no solo quebró el poder de la maldición, sino que *se hizo* maldición por nosotros para liberarnos.

[Jesús dijo,] te daré las llaves del reino de los cielos; todo lo que ates en la tierra quedará atado en el cielo, y todo lo que desates en la tierra quedará desatado en el cielo.

MATEO 16:19

Nótese: Jesús les ha dado a los creyentes la autoridad para atar a los demonios y maldiciones generacionales.

Aunque vivimos en el mundo, no libramos batallas como lo hace el mundo. Las armas con que luchamos no son del mundo, sino que tienen el poder divino para derribar fortalezas.

2 Corintios 10:3-4

Cuando el Señor pase por el país para herir de muerte a los egipcios, verá la sangre en el dintel y en los postes de la puerta, y pasará de largo por esa casa. No permitirá el Señor que el ángel exterminador entre en las casas de ustedes y los hiera.

Éxodo 12:23

Nótese: Cuando aplicamos la sangre de Jesús a nuestra vida y a la de nuestra familia, el diablo y las maldiciones generacionales no pueden entrar.

[Jesús] dijo, Si se mantienen fieles a mis enseñanzas, serán realmente mis discípulos; y conocerán la verdad, y la verdad los hará libres.

Juan 8:31-32

Ya están muertos [los tiranos], y no revivirán; ya son sombras, y no se levantarán. Tú los has castigado y destruido; has hecho que perezca su memoria.

Isaías 26:14

Una oración para usted.

Padre Celestial,

Declaro que Jesús es Señor sobre mi familia y sobre mí, y te doy gracias por su preciosa sangre que nos cubre y nos protege ahora. Como tus hijos, tenemos una nueva herencia, un nuevo linaje. Mandamos que todos los pecados generacionales se rompan ahora, en el poderoso nombre de Jesús.

Declaro que mis hijos y mi familia quedan libres del efecto de [mencione cada fortaleza espiritual en su familia]. Desarraigo estos pecados y su dominio sobre nuestra familia, y declaro que estamos vestidos con toda la armadura de Dios. Estamos calzados con la disposición de proclamar el evangelio de la paz, y Tú ordenas y diriges nuestros pasos. Estamos ceñidos con el cinturón de la verdad; decimos la verdad, vivimos en la verdad y discernimos la verdad. Nos ponemos la coraza de la justicia, que cubre nuestro corazón y nos libra de la condenación. Nos mantenemos firmes en Cristo y nada puede movernos de nuestro compromiso contigo. Nos ponemos el casco de la salvación, que protege nuestra mente y nuestros pensamientos. Destruimos argumentos y toda altivez que se levanta contra Ti. Tomamos el escudo de la fe para apagar todas las flechas encendidas del maligno, pues vivimos por fe, no por vista. Finalmente, tomamos la espada del Espíritu, que es la palabra de Dios. Proclamamos tu palabra como un arma para anunciar tus bendiciones y tu protección sobre nuestra vida y nuestra familia, cancelando los pecados del pasado por la sangre de Jesús. Te damos gracias porque somos una nueva creación en Cristo Jesús. Lo viejo ha pasado, ha llegado ya lo nuevo. En el nombre de Jesús, amén.[1]

---

1 Véanse estos versículos sobre el fundamento bíblico de esta oración: 2 Corintios 10:5, Efesios 6:10-18; Salmo 37:23; Proverbios 8:7; Efesios 4:25; Romanos 8:1; I Juan 1:9; y 2 Corintios 5:17.

Liberación de relaciones abusivas

Clamaré a Dios, y el Señor me rescatará. Mañana, tarde y noche clamo en medio de mi angustia, y el Señor oye mi voz. Él me rescata y me mantiene a salvo de la batalla que se libra en mi contra, aunque muchos todavía se me oponen.

Salmo 55:16-18, NTV

Alcánzame desde el cielo y rescátame; sálvame de las aguas profundas, del poder de mis enemigos. Su boca está llena de mentiras; juran decir la verdad pero, al contrario, mienten.

Salmo 144:7-8, NTV

Los justos se libran por el conocimiento.

Proverbios 11:9

Ya sea que te desvíes a la derecha o a la izquierda, tus oídos percibirán a tus espaldas una voz que te dirá: «Este es el camino; síguelo».

Isaías 30:21

No temas, porque yo estoy contigo; no te angusties, porque yo soy tu Dios. Te fortaleceré y te ayudaré; te sostendré con mi diestra victoriosa.

Isaías 41:10

Una oración para usted

Padre Celestial,
    Necesito tu ayuda. Me siento atrapado y no veo una salida de esta relación abusiva. Cuando contemplo la idea de irme, el miedo me paraliza el corazón y no puedo actuar. No solo temo lo que mi abusador haga, sino que también me da miedo el porvenir. Tú eres mi única esperanza.

Te pido que me des tu sabiduría para saber qué hacer y cuándo hacerlo. Ábreme los ojos para ver el escape y luego dame el valor para dar el primer paso. Sé que me amas, Padre, y que quieres lo mejor para mí. Te confío mi vida. En el nombre de Jesús, amén.

PERDONAR A LOS QUE ME HAN HERIDO

Perdonar a los que nos han herido es un paso esencial para caminar en libertad. De hecho, para que Dios perdone nuestras faltas, tenemos que perdonar a los que pecan contra nosotros. Guardar rencor hacia un abusador y no perdonarlo es como tomar veneno esperando que le haga daño a otra persona. La verdad es que solo le causa más daño a la víctima. Perdonar a un abusador no significa en lo más mínimo aprobar ni justificar los actos de abuso. Definitivamente no le da al abusador permiso de seguir abusándonos. Solo consiste en perdonar a la persona desde una perspectiva emocional y espiritual. No es decir que sea malo tomar medidas legales contra un agresor. A menudo es necesario hacerlo para proteger a los demás. De hecho, en muchos estados es obligatorio denunciar a las autoridades cualquier información sobre el abuso de los niños.

[Jesús dijo,] si perdonan a otros sus ofensas, también los perdonará a ustedes su Padre celestial.

MATEO 6:14

[Jesús dijo,] y cuando estén orando, si tienen algo contra alguien, perdónenlo, para que también su Padre que está en el cielo les perdone a ustedes sus pecados.

MARCOS 11:25-26

Sean comprensivos con las faltas de los demás y perdonen a todo el que los ofenda. Recuerden que el Señor los perdonó a ustedes, así que ustedes deben perdonar a otros.

Colosenses 3:13, NTV

[Jesús dijo,] No juzguen, y no se les juzgará. No condenen, y no se les condenará. Perdonen, y se les perdonará.

Lucas 6:37

Asegúrense de que nadie deje de alcanzar la gracia de Dios; de que ninguna raíz amarga brote y cause dificultades y corrompa a muchos.

Hebreos 12:15

Una oración para usted

Padre Celestial,

Nada podría ser más difícil que perdonar a mi abusador, pero estoy dispuesto a hacerlo, porque tu palabra me lo manda a hacer. Entiendo que esto es imprescindible si voy a ser perdonado de mis faltas. Es un principio espiritual.

Reconozco que no tengo la culpa del abuso, que no lo causé, y que toda la responsabilidad es del agresor. También entiendo que, al perdonar, no estoy justificando el abuso. No se puede justificar. Perdonar no significa negar lo que me pasó, ni tampoco niego que el abuso me ha causado daños devastadores. Sí ocurrió, y casi me ha destruido.

Perdonar no es una emoción, sino una decisión, y hoy decido perdonar a la persona que me abusó, junto con cualquier persona que debía haberme protegido. Por fe, suelto el dolor, el enojo, la amargura y el resentimiento. En su lugar, recibo tu amor, tu paz, y tu unción sanadora. Extiendo tu amor a la persona que me abusó y a los que me fallaron. Te pido que les convenzas de su error (Juan 16:8).

En el nombre de Jesús, amén.

SANIDAD PARA LAS EMOCIONES HERIDAS

El primer paso para recibir la sanidad emocional es reconocer el abuso y el dolor que ha causado. La negación no logra que el dolor desaparezca, sino que al contrario contamina todas las áreas de su vida. Sí, duele y puede ser espantoso reconocerlo, pero es esencial para que las heridas se erradiquen y para que usted reciba la verdadera sanidad. Aunque el Padre lo acompañará en cada etapa del camino, sería prudente buscar la ayuda de un terapeuta cristiano titulado. Le recomiendo que le pida ahora mismo a Jesús que despierte las emociones que fueron dañadas o que dejaron de funcionar por el abuso, y que restaure su corazón y su mente.

> *Despreciado y rechazado por los hombres, varón de dolores, hecho para el sufrimiento.*
> ISAÍAS 53:3

Nótese: Jesús conoce el dolor emocional.

> *Ciertamente él cargó con nuestras enfermedades y soportó nuestros dolores... Él fue traspasado por nuestras rebeliones, y molido por nuestras iniquidades; sobre él recayó el castigo, precio de nuestra paz, y gracias a sus heridas fuimos sanados.*
> ISAÍAS 53:4-5

Nótese: Jesús no solo llevó nuestros pecados en la cruz, sino que también llevó todo el dolor emocional que pudiéramos sufrir. Quiere llevarse la tristeza de usted y sanar su corazón y su mente.

> *[Jesús dijo,] «El Espíritu del Señor está sobre mí, por cuanto me ha ungido para anunciar buenas nuevas a los pobres. Me ha enviado a proclamar libertad a los cautivos y dar vista a los ciegos, a poner en libertad a los oprimidos.*
> LUCAS 4:18

Sin duda, el Señor consolará a Sión; consolará todas sus ruinas. Convertirá en un Edén su desierto; en huerto del Señor sus tierras secas. En ella encontrarán alegría y regocijo, acción de gracias y música de salmos.

ISAÍAS 51:3

Nótese: Quizás usted se sienta como un desierto seco por dentro, pero pronto habrá días de alegría y regocijo.

Dios ha dicho: «Nunca te dejaré; jamás te abandonaré».

HEBREOS 13:5

Nótese: ¡Buenas noticias! Usted no está solo *nunca*. Dios lo acompañará en cada paso de su camino hacia la sanidad.

UNA ORACIÓN PARA USTED:

Padre Celestial,

Es hora de sanar las emociones que fueron dañadas como resultado del abuso que he sufrido. Hace tanto tiempo que me siento entumecido, que casi no recuerdo cómo es sentir. No quiero sentir el dolor, pero ahora me doy cuenta de que evitarlo, negarlo, o tratar de entumecerlo solo ha permitido que el veneno produzca una infección en el fondo de mi alma. La única ruta a la libertad es soltar estas emociones negativas, para que Tú puedas quitármelas y reemplazarlas con tu amor.

Es uno de los pasos más espantosos que he tenido que dar jamás, pero si Tú me tomas de la mano y me abrazas, estoy listo para empezar. Casi no puedo hablar por las emociones que suben a la superficie. Padre, Tú sabes que hay mucho que no recuerdo y mucho que he decidido olvidar por el dolor. Por fe, te pido que sanes mis emociones heridas y devastadas. Aplico ahora la sangre de Jesús a mi mente, mi voluntad y mis emociones, y te pido que me sanes y me restaures. Acepto y recibo tu sanidad con respecto a todo el mal que me hicieron.

En el nombre de Jesús, amén.

El sueño tranquilo

Pues Dios no nos ha dado un espíritu de timidez, sino de poder, de amor y de dominio propio.

2 Timoteo 1:7

El que habita al abrigo del Altísimo se acoge a la sombra del Todopoderoso. Yo le digo al Señor: «Tú eres mi refugio, mi fortaleza, el Dios en quien confío». ... No temerás el terror de la noche.

Salmo 91:1-2, 5

Yo me acuesto, me duermo y vuelvo a despertar, porque el Señor me sostiene.

Salmo 3:5

En paz me acuesto y me duermo, porque solo tú, Señor, me haces vivir confiado.

Salmo 4:8

No permitirá que tu pie resbale; jamás duerme el que te cuida. Jamás duerme ni se adormece.

Salmo 121:3-4

Dios concede el sueño a sus amados.

Salmo 127:2

Hijo mío, conserva el buen juicio; no pierdas de vista la discreción. Al acostarte, no tendrás temor alguno; te acostarás y dormirás tranquilo.

PROVERBIOS 3:21, 24

UNA ORACIÓN PARA USTED

Padre Celestial,

Te pido que me ayudes a dormir tranquilamente y que me des sueños dulces. Ayúdame para que cuando me despierte, me sienta sano, contento, y descansado, porque no me has dado un espíritu de timidez, sino de poder, de amor y de dominio propio. Sé que Tú eres un buen Padre que oye mis oraciones y que me vigilas aun cuando duermo. Te agradezco porque las pesadillas ya son algo del pasado y no serán parte de mi futuro.

En el nombre de Jesús, Amén.

LA INTIMIDAD SEXUAL EN EL MATRIMONIO

Que todos respeten el matrimonio y mantengan la pureza de sus relaciones matrimoniales.

HEBREOS 13:4, DHH

Nótese: La intimidad es sagrada, creada por Dios para la satisfacción mutua y el disfrute del marido y de la esposa.

Honroso sea en todos el matrimonio, y el lecho sin mancilla.

HEBREOS 13:4, RV

Nótese: Cuando una persona nace de nuevo, la sangre de Jesús la limpia de todo pecado y toda inmundicia. En Cristo, el lecho matrimonial es puro y santo, libre de contaminación.

> *Pues Cristo mismo nos ha traído la paz. Él unió a judíos y a gentiles en un solo pueblo cuando, por medio de su cuerpo en la cruz, derribó el muro de hostilidad que nos separaba.*
>
> EFESIOS 2:14, NTV

Nótese: Aunque este versículo trata específicamente a los judíos y a los que no son judíos, puede haber un muro igualmente significativo en la intimidad matrimonial, a causa del abuso. Jesús vino para derribar ese muro y sanar las heridas que formaron el muro, para que el marido y la esposa sean verdaderamente un solo espíritu, una sola alma, y un solo cuerpo.

> *Eso es un gran misterio, pero ilustra la manera en que Cristo y la iglesia son uno. Por eso les repito: cada hombre debe amar a su esposa como se ama a sí mismo, y la esposa debe respetar a su marido.*
>
> EFESIOS 5:32-33, NTV

Nótese: Los que han sido abusados necesitan mucho, mucho amor piadoso y devoto. Dios manda que los casados se amen así.

> *El amor nunca se da por vencido, jamás pierde la fe, siempre tiene esperanzas y se mantiene firme en toda circunstancia. ... ¡El amor durará para siempre!*
>
> I CORINTIOS 13:7-8, NTV

Nótese: El amor de Dios hace milagros en la vida de los que han sido abusados.

> *En el amor no hay temor, sino que el amor perfecto echa fuera el temor.*
>
> I JUAN 4:17-18

Nótese: El amor de Dios crea un ambiente seguro que para en seco el temor.

Sométanse unos a otros, por reverencia a Cristo.

EFESIOS 5:21

Nótese: Cuando el marido y la esposa reverencian a Cristo y se comportan de una manera que le honra, siendo pacientes, cariñosos y bondadosos, por ejemplo, es más fácil someterse.

UNA ORACIÓN PARA USTED

Padre Celestial,
En tu palabra es obvio que creaste la intimidad sexual para que tanto el esposo como la esposa la disfrutaran. En mi caso, sin embargo, este regalo ha sido pervertido por el abuso que sufrí.
Amo a mi pareja y quiero ofrecerme libremente, pero necesito tu ayuda. Transforma mi mente mientras medito en tu palabra, y ayúdame a ver el sexo como Tú lo ves. Durante los momentos de intimidad con mi esposo/esposa, ayúdame a concentrarme en el presente en vez de ser atormentado por las imágenes del pasado. Ayúdame a sentirme seguro en tu amor y también en el amor de mi pareja, porque en el amor no hay temor. Mientras me siento cada vez más seguro, ayúdame a calmar mi cuerpo y disfrutar a lo máximo este precioso regalo. Gracias por perfeccionar cada área de mi vida.
En el nombre de Jesús, amén.[1]

---

1 Véanse también estos versículos sobre el fundamento bíblico de esta oración: Romanos 12:2, Proverbios 5:18-19, Cantares, y Salmo 138:8.

Nota de la autora

Si usted ha sido víctima de abuso y necesita que alguien ore por usted, favor de comunicarse conmigo. Sé por experiencia que el aislamiento puede destruir la mente y la vida de sus víctimas. Ya no tiene que llevar su devastador secreto solo. Puede liberarse.

También, si este libro le ha ayudado, mándeme una nota o un mensaje electrónico a la dirección a continuación:

Jennifer Kostyal
P.O. Box 10141
Wilmington, NC 28404
jennifer@jenniferkostyal.org

Para saber más sobre Jennifer Kostyal y su ministerio, Transformed by the Word, vaya a:
www.jenniferkostyal.org
Facebook: Jennifer Kostyal
Twitter: JenniferKostyal

Sobre la autora

Además de ser una oradora dinámica, Jennifer Kostyal es maestra, autora, y la fundadora y directora de Jennifer Kostyal Ministries. Ha aparecido en programas como *The Coral Ridge Hour*, *The Celebration Show* de Daystar Television, The Word Network, *Babbie's House*, CBN.com, y otros. Es una oradora popular en las iglesias y en conferencias de mujeres. Además, tiene una pasión por evangelizar a las mujeres encarceladas, la vasta mayoría de las cuales han sufrido alguna forma de abuso físico, verbal, emocional, o sexual. En 2009, recibió el premio de Voluntaria del Año del North Carolina Correctional Institute for Women (Centro Correccional de Mujeres de Carolina del Norte). Al recibir ella el premio, el alcaide declaró:

> No hay duda de que esta mujer fue escogida antes de la creación del mundo para servir a las mujeres encarceladas. ... Nuestras reclusas responden a ella de una forma maravillosa. Representa la esperanza para nuestras reclusas, porque ha experimentado su dolor y su abuso.

Jennifer sacó una licenciatura en educación de la Universidad de Carolina en Wilmington. Usa su testimonio personal y la palabra de Dios para compartir su creencia en el poder de Jesús de sanar y restaurar. Habla de cómo fue restaurada después de sufrir durante años como víctima de una secta religiosa, del abuso sexual, y del tormento mental, para darle esperanza a la gente.

Jennifer y su esposo, Dave, "uno de los mejores regalos que le dio jamás Jesús," viven en Wilmington, Carolina del Norte, con sus hijos, David y Rebekah, que participan en el ministerio.

Otros ejemplares de este título se pueden comprar en cualquier librería.

También de Jennifer Kostyal:

Finally Free Bible Study: 7 Weeks to Freedom From Your Past / Estudio bíblico finalmente libre: 7 semanas hacia la libertad del pasado

¿Ha hecho un impacto en su vida este libro? ¿O hay alguna área de su vida donde puedo orar por usted, mientras siga el proceso de ser finalmente libre?

Favor de comunicarse conmigo:

mail@jenniferkostyal.org
www.jenniferkostyal.org

Jennifer Kostyal Ministries
P. O. Box 10141
Wilmington, NC 28404
Bendiciones,

Jennifer

Si usted sinceramente desea liberarse de su pasado, le invito a continuar el viaje conmigo.

He identificado seis ataduras que impiden que la gente viva en el presente, porque siguen ligados a su pasado. Si usted está listo para dar ese paso para ser finalmente libre, únase conmigo en un estudio bíblico de siete semanas que revelará cada una de estas fortalezas y cómo quebrar de forma permanente el poder que tienen en su vida.

Usted puede pedir un ejemplar de *Finally Free Bible Study: 7 Weeks to Freedom From Your Past / Estudio bíblico finalmente libre: 7 semanas hacia la libertad del pasado* en www.jennifer-kostyal.org.

O escríbame:

Jennifer Kostyal
Jennifer Kostyal Ministries
P. O. Box 10141
Wilmington, NC 28404

Bendiciones,

Jennifer

www.ingramcontent.com/pod-product-compliance
Lightning Source LLC
Chambersburg PA
CBHW071419090426
42737CB00011B/1508